競技力が上がる体づくり

バスケットボールの動き向上トレーニング

著　佐藤晃一
鈴木良和

ベースボール・マガジン社

はじめに・対談

よりよい体の動かし方をトレーニングする

佐藤晃一

鈴木良和

エクササイズをして効率的な動きを手に入れる

鈴木　僕は2002年から幅広い年代の子どもたちにバスケットボールを指導しているのですが、なかには教えたスキルがうまくできない子もいるのです。そうした子どもたちに対して、僕はそのスキルをさらにかみ砕いて説明し、習得してもらおうと考えていました。

たとえばオープンスタンスでのプレー。正対しているディフェンスを抜こうと思えば、ボールを持っているほうの足から動いたら有利になります。その考え自体はよかったのですが、あるとき壁にぶつかりました。最初の1歩が弱いと抜けないのです。オープンスタンスからオンサイドへの1歩を強くするにはどうしたらいいのだろう、そう考えていたころに、(佐藤) 晃一さんに出会いました。

晃一さんは体に関する知識が豊富だったので、すぐにそのことを相談してみました。すると晃一さんは「プッシュオフアングル(P40)」と呼ばれる足を置いたときの角度や、「ブレーシング (P9)」と呼ばれる体幹を固める動き、また「仰向け片足上げ(P8)」などを教えてくれました。僕自身は、子どもたちの前でデモンストレーションをするとき、そうした動きを無意識にできていたのですが、それを子どもたちに"伝える"となるとむずかしい。そこで晃一さんに教わったエクササイズを子どもたちにやらせてみたら、スムーズな動きができる子どもたちが増えていったのです。

佐藤　キャンプやクリニックだけではなく、鈴木くんは自身が代表として運営しているERUTLUC(エルトラック)の教室などでも試してくれて、「このエクササイズをやるとバスケットのこの動きに効果的でした」とフィードバックをしてくれるのです。これは僕にとって大きな発見でした。

たとえば鈴木くんがあげた「仰向け片足上げ」は、上半身と下半身をつなげることで、体幹に力が入るため股関節の動きがよくなり、結果として前屈がしやすくなるエクササイズです。

キャンプでは、そういう意味で紹介したのだけれども、鈴木くんはドライブの練習の前にそれをやらせてみたら、選手の動きがよくなった、体をひとつの塊として使えるようになったというわけです。もともとの目的ではないのだけれど、それをバスケットボールの現場で実践してみたら、すごく効果があったのです。

鈴木　僕はそれまでトレーナー(注:アスレティックトレーナーやトレーニングコーチ、ストレングスコーチなど名称はさまざまありますが、本書ではそれらを総称して「トレーナー」で統一します)は、トレーニングを指導してくれる人で、「筋肉の量を増やしてくれる人」というイメージでした。プレーの"出力"は上げてくれるけど、まさかドライブを強く踏み出すための足の角度まで一緒に考えてくれて、アドバイスしてくれるとは思っていませんでした。

佐藤　トレーナーがスキル練習に加わらないのは、役割が決まっているからです。トレーナー自身もスキル練習のなかに入っていくのは自分の役割ではないと思っていることが多いし、それ以前に、自分がそうしたポテンシャルを持っていることに気づいていないこともあります。

鈴木　僕は晃一さんがNBAで8年間、トレーナーとして活躍してきたという肩書よりも、「動きは筋肉の部位ではなく、動きのパターンで鍛える」といわれたことに衝撃を受けました。であれば、バスケットボールの動きについて相談したら、その強化の仕方を教えてもらえるのでは?　と考えたのです。

そのことに気がついたのは、コーチとして非常に大きな出来事でした。同時に、スキルではボールをどう扱うかと同じくらい、体をどう使うかが大事だとも気づかされました。

それまではボールをうまく扱えれば、ディフェンスを抜くのもうまくなるといった、ある種の迷信のようなものに捉われすぎていたのかもしれません。

鍛えることは
動きの質をよくすること

佐藤　一般的に「鍛える」というと「筋力トレーニング」とか「走り込み」と捉えがちです。でも、「鍛える」ことの根っこにあるのは「動きの質をよくすること」です。さらに動きのバリエーション、つまりいろいろな動きがよりよくできることで対応力が上がり、ケガのリスクを抑えることができます。ただ間違ってほしくないのは、「筋力トレーニング」や「走り込み」をしてはいけないといっているわけではありません。人は、結果を残した人の考えを見聞きしたり、新しい考え方が出てきたりすると、それ以前にあったことが、あたかもよくないことだったと思いがちです。そうではありません。

本書のテーマについていえば、よりよい動きのなかで負荷をかけたり、動きのスピードを上げたりしていくということです。本書を通じて伝えたいのは、大腿四頭筋や上腕二頭筋といった一部の筋肉を考えるのではなく、体の動き全体をトレーニングしていけば、それぞれの筋肉は勝手に鍛えられていくという考え方です。

鈴木　僕もそれまでは表面的な現象を追いがちでした。でも晃一さんと出会って、たとえば足の動きには上半身の姿勢が関係しているとか、この部位がうまく使えない選手は、それとは異なる部位をうまく動かせていないからだといった、体のつながりの大切さを知りました。僕たちバスケットボールのコーチが、スキルを練習すれば子どもたちは勝手にできるようになるし、それができない子はセンスがないんだと片づけがちなところも、よりよい体の動かし方を知ることで、もっと踏み込んでいけるようになるのです。

体と心、 体と脳を
しっかりつなげていく

佐藤　これは世界的にいえることだと思いますが、現代の子どもたちは外で遊ぶことが少なくなりました。だからわれわれが「これくらいの動きはできるだろう」と思う動きさえできないことが多いのです。今の子どもは昔の子どもよりもバスケットボールのスキルが断然高い。これは鈴木くんを含めた多くのコーチが認めるところです。でも運動能力は低下しています。

たとえば背中が丸まった姿勢でプレーしている子は、たとえスキルが高くても、姿勢がよくないので安定した体幹を軸にして下半身の筋肉が力を発揮しきれません。そのため、コンタクトの際に押し負けたり、力強いドライブができない。このような姿勢は、コーチから「低い姿勢をとりなさい」と指導を受けたときに、スクワットをしてお尻を下げる代わりに、背中を丸くすることで目の位置を低くした結果かもしれません。スポーツ選手としての「運動感覚」がズレている。つまり自分では「やってい

る」と思っていることが、実際にはできていないのです。体の動かし方をトレーニングすることで、それを調整していく。体と心、体と脳をしっかりとつなげていくというのも本書の狙いです。

ただし僕ができるのは、選手が「こういう動きをしたい」と思っていることに対して、体の動かし方のヒントを紹介するくらいです。言い訳じみたことになりますが、本書で紹介していることが、絶対的な正解ではありません。ここで紹介するのは解決のためのヒントです。そのヒントをもとに、選手自身が自分にとってもっともやりやすい方法を見つけることが何よりも大切です。

選手も「すべてを教えてもらおう」と受け身になるのではなく、自分から自分の体に向き合ってもらいたい。「十人十色」という言葉がありますが、すべての人に通じる「正しい動き」はありません。それぞれにとって「よりよい動き」があるのです。たとえば、コーチが「スタンスは肩幅よりもちょっと広くとって」といったときの「ちょっと」をいかに自分で探すか。自分にとってもっとも速く動けるスタンスを、本書をきっかけにして、自分自身で探してもらいたいです。

鈴木　トレーニングにしろ、スキルにしろ、細かい話になればなるほど「正しい」といいやすくなります。たとえば「この筋肉を鍛えるトレーニングはこうしましょう」といえば、確かにそうですけれども、本書で示したいのは、よりよい体の動かし方をトレーニングすることで、「ドリブルが強く突けるようになった」、「1対1の1歩目が速くなった」と、選手自身がスキルレベルでの上達を感じられるようになることです。今までスキルの本を読んで学んでいたこととは異なる切り口で、スキルアップを示したいと考えています。

そのため、本書ではあえて第1章で「スキル」について紹介しています。これまでにあったトレーニング系の書籍は、その多くがトレーニングだけを扱うものでした。しかし本書は育成年代のバスケットボールを指導してきた僕が、現代のバスケットで重要性がより増しているファンダメンタルについて紹介します。それらが第2章以降で紹介する、よりよい体の動きを得るエクササイズと組み合わさったとき、多くの選手のレベルが一段とアップするものになると考えています。

そしてもうひとつ、晃一さんとの出会いで大きく変わったことがあります。それは固定観念を見直せることです。たとえばディフェンスでは、最初の1歩はスライドステップで始めるべきで、クロスオーバーステップで始めるのはよくないといわれてきました。しかし体の使い方の視点で考えると、「これしかできない」という考え方はとても危ないことです。ディフェンスの例でいえば、「スライドステップもできるけど、クロスオーバーステップでもできるようにしておく」ほうがいいわけです。

これまで常識だと思って深く考えずに扱ってきたものが、よくよく考えてみたら違っていたということがあります。バスケットボールの世界でも、それは起こりうることなのです。体の専門家がその高い知見を示した本書が、コーチの指導を改めて見直す機会になってくれれば、同じ育成年代を指導するコーチとして、これほどうれしいことはありません。

プレ・ワークアウト

すべての動きは「体幹」を通す

本編に入る前に、本書で紹介するバスケットボールのスキルやエクササイズに共通する、「体幹」の重要性について解説しましょう。

なぜ「体幹」は重要なのか?

近年、体幹トレーニングが再注目されていますが、そもそも、なぜ「体幹」は大切なのでしょうか？　選手にたずねると、たいてい「軸をつくる」や「軸がぶれないようにする」といった答えが返ってきます。何となくイメージは湧きますが、いまひとつハッキリとしません。たぶんフィジカルコンタクトのような「体が何かにぶつかったときに姿勢が崩れない」ことを「軸がぶれない」といっているのでしょう。正解です。しかし答えとしては50点です。

体幹が「強い」、「安定している」というのは、何かにぶつかる「外からの力」に対する安定性と、「内からの力」に対する安定性にも関係しています。簡単にいえば、何かにぶつかったときだけでなく、足や腕を動かしても姿勢が崩れないことが大切なのです。これが残りの50点です。

走ったり、ボールを投げたりする動きは、安定した体幹が基礎となって、股関節や肩関節を軸に足や腕が動く動作です。したがって体幹を鍛える理由は、手足を動かしたときに、この脊柱の姿勢を維持するためなのです。脊柱が安定していなければ、手足を力強く動かすことがしづらくなってしまいます。それではバスケットボールをはじめ、多くのスポーツでよりよいパフォーマンスはできません。

犬と尻尾

安定した体幹を少しわかりやすくするために、「犬が尻尾を振っている」様子と「尻尾が犬を振っている」様子をイメージしてみてください。「犬が尻尾を振っている」ことは、すぐにイメージできると思いますが、「尻尾が犬を振っている」のはイメージしにくいかもしれません。

四つん這いで伸ばした足を尻尾に見立てて考えてみましょう（写真）。一見どちらも「犬が尻尾を振っている」ように見えますが、「犬が尻尾を振っている」ときは体幹が安定し、股関節を軸に尻尾を振っています。一方で「尻尾が犬を振っている」ときは体幹、とくに腰の動きによって足が振られていて、あたかも尻尾が犬の体を振っているように見えます。尻尾を振るたびに腰が左右に曲がったり、反ったり丸まったりするので体幹が安定していません。たとえば「犬と尻尾伸展NG」と「犬と尻尾屈曲NG」（写真右下２枚）を繰り返すと、足の上げ下げをするたびに腰の反りと丸まりが繰り返されることがよくわかります。

体幹が安定して脊柱の姿勢が維持されていると、臀筋（お尻まわりの筋肉）や肩まわりの筋肉が収縮する土台になり、足や腕

犬が尻尾を振っている　　尻尾が犬を振っている

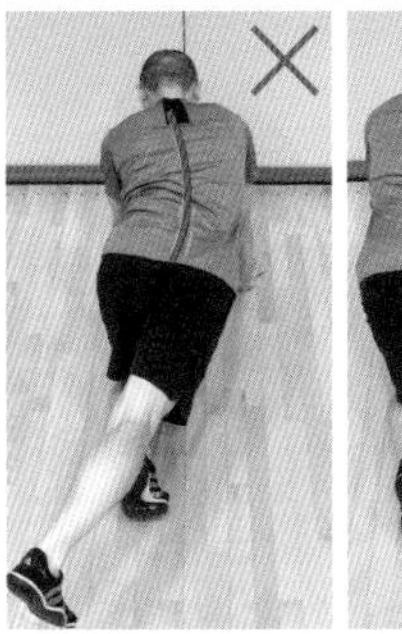
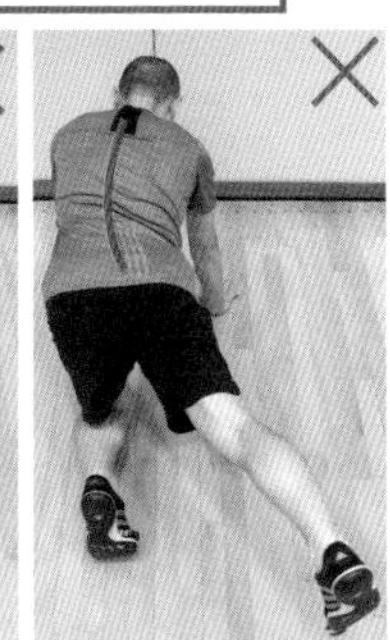

基本姿勢

足を左右に動かした（股関節の内転外転）ときに姿勢を維持できている

足を左右に動かしたときに背骨が左右に曲がり姿勢を維持できていない

を力強く動かすことができます。つまり、地面を蹴って力強くジャンプしたり、ボールに力を伝えて鋭いパスやシュートを打ったりすることができるのです。また、体と体がぶつかったときに姿勢が崩れなければ、ドライブやボックスアウトなどのコンタクト時に、力を発揮し続けることもできます。

体幹を鍛えるのは、読者のみなさんがよく知っている「ぶつかられたときに姿勢が崩れない」といった外的な要素とともに、「よい姿勢を保つことで、自分の手足をより効果的に動かすため」といった、内的な要素があることも覚えておきましょう。

また、よい姿勢を維持できると、腰やひざなど体の各所への負担を軽減することができます。それはつまりケガのリスクを下げることにもなるのです。

スキル練習やエクササイズを行うときによい姿勢を維持することは、力強いスキルを行うために不可欠です。第２章で紹介する体幹エクササイズを行うときはもちろんのこと、第１章のスキルを磨くときや、第４章のエクササイズを行うときにも、この体幹の重要性を覚えておいてください。

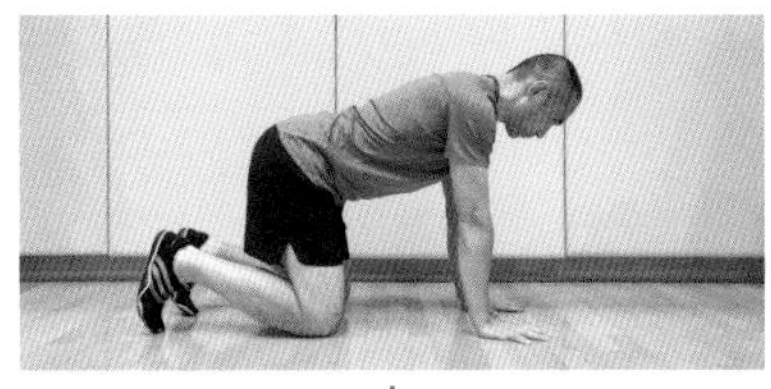

基本姿勢

犬が尻尾を振っている

足を上げたときに姿勢を維持できている

尻尾が犬を振っている

足を上げた（股関節の伸展）ときに腰が反っている

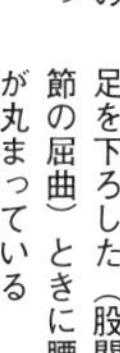

足を下ろした（股関節の屈曲）ときに腰が丸まっている

体幹を意識させる簡単エクササイズ

仰向け片足上げ その①

仰向けになり、腕をまっすぐ上げる。パートナーはその腕をまっすぐ下に押す

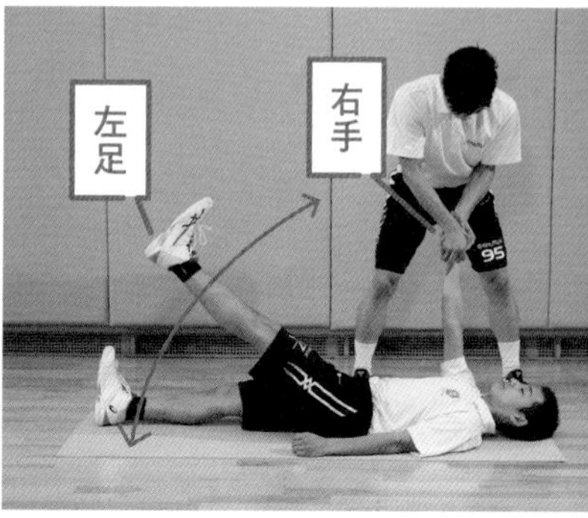

上げている腕と反対側の足を、太ももの裏が伸びるように、地面につくまで5回上げ下げする

仰向け片足上げ その②

両足を上げる

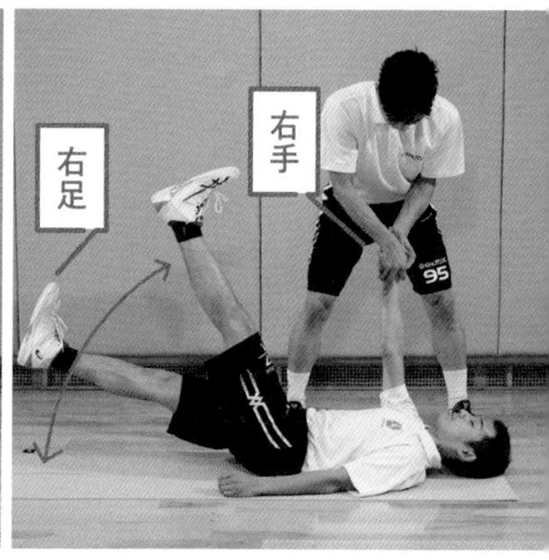

上げている腕と同じ側の足を地面につくまで下ろして5回上げ下げする。逆の足は上げたまま維持する

仰向け片足上げで体の動きがスムーズになる

1人が床に仰向けになり、腕をまっすぐ上げます。その腕をパートナーがまっすぐ下に押し込みます。自然に体幹（お腹）に力が入るのがわかるはずです。

仰向けになっている人は、押されている腕とは逆の足をゆっくり、ひざを伸ばした状態で上げていきましょう。このようにして足の上げ下げを5回ほど繰り返します。

次に両足を上げて、上げた腕と同じ側の足を5回上げ下げします。エクササイズの前後で前屈やドリブルドライブの感覚を比較しましょう。体幹がしっかりすることで、体の動きがよくなることがわかります。

Advice

腕の押し方

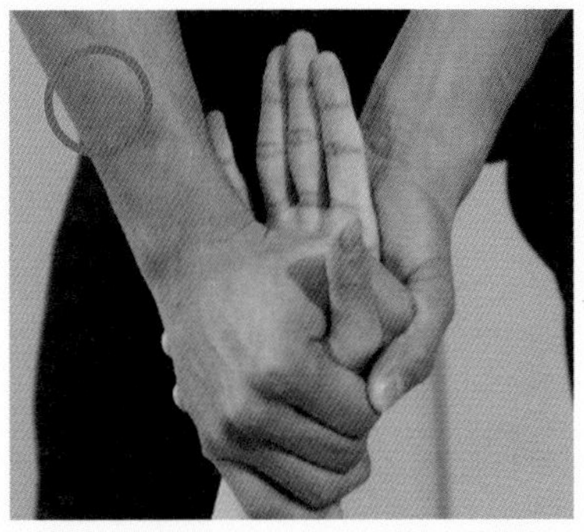

仰向けの人の指は真上を向き手首をまっすぐに。
腕を押す人は親指同士をひっかけるようにして、
手のひらをくっつけて押す

✕ 手のひらを水平にするのはNG

手のひらの部分を押そうとすると力が伝わりにくいだけでなく、手首に不必要な負担がかかってしまう

腕の上げ方

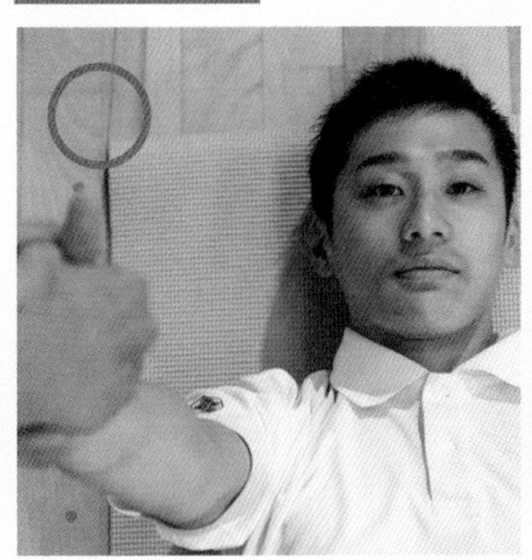

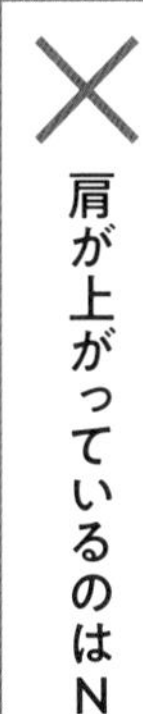

仰向けになっている人は、肩を落とした状態で腕を上げる。この状態が「パッキング」で、力が入りやすくなる。「ドリブルを強く突く」など、腕を強く使いたいときに有効な肩のポジション

✕ 肩が上がっているのはNG

ブレーシングで体幹が塊に

リラックスした状態で、手のひらをお腹の周りを包むように当てて軽くお腹を押し、お腹360度全体で手のひらを押すようにお腹を膨らませます。これを「ブレーシング」と呼びます。ブレーシングをすることで体幹がひとつの塊のようになり、コンタクトのときなどに役立ちます。

ブレーシングは呼吸をしながら行う

Contents

はじめに・対談……2
すべての動きは「体幹」を通す……6
体幹を意識させる簡単エクササイズ……8
本書の内容と使い方……14

Part 0 スキルと体の動かし方……15

動きを通じて体を鍛える……16
Column⓿
「1：23の法則」……22

Part 1 スキルとエクササイズの関係……23

スキルのレベルアップは「ストップ」がカギを握る！……24
スキルとエクササイズの関係❶
ストップがプレーの質を高める……26
スキルとエクササイズの関係❷
体の使い方を知れば、プレーの幅が広がる……28
スキルとエクササイズの関係❸
2つのスクワットがスペースを生み出す……32
スキルとエクササイズの関係❹
上半身を使って止まる……34
スキルとエクササイズの関係❺
床を押して動く……36
スキルとエクササイズの関係❻
速く動くには「後ろ足」がカギ……38
スキルとエクササイズの関係❼
横の動きもカギは「押す」働き……40
スキルとエクササイズの関係❽
素早い足の入れかえが方向転換を助ける……42
スキルとエクササイズの関係❾
バスケの練習で体を鍛える……44
スキルとエクササイズの関係❿
ボックスアウトは背中だけではない……48
スキルとエクササイズの関係⓫
ボールを押す感覚がパスを変える……50
スキルとエクササイズの関係⓬
腕のねじれを抑えて精度を上げる……52
スキルとエクササイズの関係⓭
頭上で腕を自在に動かす……54
Column❶
いつ直すか？指導するタイミングを考えよう！……56

Part 2 体幹エクササイズ……57

体幹エクササイズ1
プランク……58

体幹エクササイズ2
サイドプランク……62

体幹エクササイズ3
ローテーショナルプランク……64

体幹エクササイズ4
ブリッジ……68

体幹エクササイズ5
アンチローテーショナルプレス……70

体幹エクササイズ6
ベア……72

体幹エクササイズ7
スーツケースキャリー……74

Column2
体幹エクササイズとストレッチの順番、
どちらを先にする？……76

Part 3 基本のストレッチ……77

基本のストレッチ1
ワールドグレーテストストレッチ(サジタル)……78

基本のストレッチ2
ワールドグレーテストストレッチ(フロンタル)……80

基本のストレッチ3
片ひざ立ちストレッチ……82

基本のストレッチ4
プレイアーストレッチ……84

基本のストレッチ5
あぐらで胸椎の回旋と側屈……86

基本のストレッチ6
椅子でプレイアーストレッチ……87

基本のストレッチ7
フロアスライド／ウォールスライド……88

基本のストレッチ8
トーシット……90

基本のストレッチ9
肩の回旋のコントロール……92

基本のストレッチ10
四つん這い肩の回旋……94

Column3
なぜ姿勢が大切なのか？……98

Contents

Part 4 基本のエクササイズ……99

動きを分類してみた……100

ヒンジ❶
RDL(ルーマニアンデッドリフト)……102

ヒンジ❷
片足RDL……106

ヒンジ❸
エアプレーン……108

スクワット❶
スクワット……110

スクワット❷
スプリットスクワット……116

スクワット❸
長身者のための工夫……118

スクワット❹
片足スクワット……120

スクワット❺
ラテラルスクワット……124

スクワット❻
クロスオーバースクワット……128

スクワット❼
ドロップスクワット……130

スクワット❽
足の入れかえ運動……132

スクワット❾
ローテーショナルスクワット……134

スクワット❿
ラテラルスクワット➡スライドステップ……136

スクワット⓫
クロスオーバーステップ……138

スクワット⓬
ピボット強化のための複合エクササイズ……140

SKB❶
SKB……144

SKB❷
片足SKB……145

SKB❸
片足回旋SKB……146

カバーデザイン　チックス.
本文デザイン　ライトハウス
写真　馬場高志、佐藤晃一
イラスト　丸口洋平
編集協力　三上　太
ライトハウス
プロランド
平　純子
撮影協力　ATR半蔵門

上半身·水平·押す❶
腕立て伏せ……148
上半身·水平·押す❷
オルタネートダンベルベンチプレス……150
上半身·水平·引く
ローイング……152
上半身·垂直·押す
オーバーヘッドプレス……156
上半身·垂直·引く
けんすい……158
Column❹
バスケットボールでは横の動きが３割……162

Part 5 トレーニングプログラムの作成……163

エクササイズの組み合わせ例……164
Column❺
エクササイズの負荷調整と
バスケ練習の負荷調整の関係……167
Column❻
6つのバケツをイメージして
練習計画を立てる……170
Column❼
ケガの公式……171
Column❽
疲れたら休む、休ませる……174

本書の内容と使い方

本書では、バスケットボールの競技力アップに役立つ、体づくりのトレーニングを紹介しています。１章の、「スキルとエクササイズの関係」でスキルの仕組みとそれぞれのスキルに関連するエクササイズを理解し、次に「体幹エクササイズ」でスキルやエクササイズに共通する「体幹」の安定を図り、「基本のストレッチ」「基本のエクササイズ」で、バスケットボールに合った筋力やスピードを身につけ、よりよい体の動かし方をトレーニングする構成になっています。無理のないように実践して、効率的な動きを手に入れてください。

紹介するスキルとトレーニング

スキルとエクササイズの関係　13項目
体幹エクササイズ　7項目
基本のストレッチ　10項目
基本のエクササイズ　23項目

トレーニングの基本ページ

トレーニング名
その種目の名称。

目的
このトレーニングの目的や特徴に効果などもプラス。

回数 時間 距離
目安となる回数、時間、距離やセット数。休憩についてはセット間の時間を示す。

動きの分類
動きのパターンによる、エクササイズの分類。

！
トレーニング時に、ポイントとなることや注意したいこと。

主に鍛えられる部位
そのエクササイズにより主に鍛えられる部位をイメージできる。

こんなプレーにつながる!
バスケットボールのどんなプレーにつながるのかの一例を表記。

Variation
そのトレーニングのバリエーション種目であることを示す。

佐藤トレーナーの視点
佐藤トレーナーからの豊かな経験に基づく的確な助言。

Advice
トレーニング時のさらなる一言と応用的なアドバイス。

×
質の低い動きの例。エクササイズでよく見られる、好ましくない動きの例。

「スキルとエクササイズの関係」のページ

競技力を上げるためには、体の動かし方とスキルの関係を知らなければならない。スキルをテーマにあげ、そのスキル向上のためにどんな体づくりが必要なのかを解説。

「トレーニングプログラムの作成」のページ

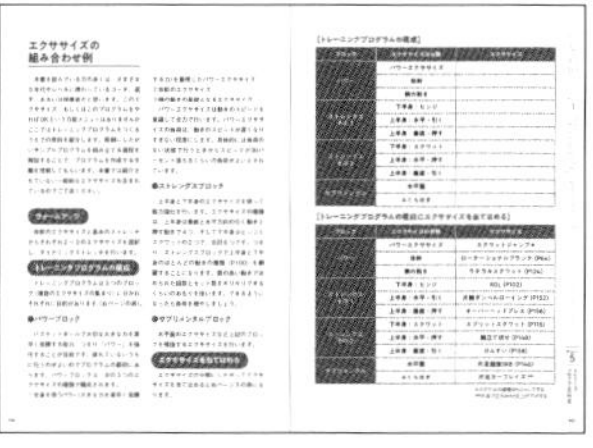

トレーニングプログラムをつくるうえでの原則を紹介。原則にしたがってサンプルプログラムの組み立て方を解説。プログラム作成手順を理解することができる。

Part

スキルと体の動かし方

さっそくスキルやエクササイズを紹介したいところですが、
まずは体を鍛えるときに役立つ原則を紹介します。
すぐにスキルやエクササイズに取り組みたい方は
Part1に進んでエクササイズを始めて、あとから時間のあるときに
Part0に戻ってきてもよいです。

動きを通じて体を鍛える

本書では「動きを通じて体を鍛える」というコンセプトでエクササイズを紹介します。「動きを通じて」と聞くとピンとこないかもしれません。というのは一般的に「鍛える」というと、読者のみなさんは「筋トレ（筋力トレーニング）」を想像するものだからです。筋トレといえば、大胸筋や胸を鍛えるためには腕立て伏せやベンチプレス、大腿四頭筋や太ももを鍛えるためにはスクワット、大腿四頭筋を集中して鍛えるためには座ってひざを伸ばすレッグエクステンションマシンというように、鍛えたい筋肉や部位でエクササイズを分類するのが一般的でした。しかし、鍛えたい筋肉や部位でエクササイズを分類するよりも、スポーツや日常生活で行う「動き」に注目してトレーニングを行ったほうが、より効率的に筋肉を鍛えることができるということがわかり、「動きを通じて体を鍛える」という考え方が主流になりました。

本章では「動きを通じて体を鍛える」うえで理解しておきたい原則を、①動きの感覚、②動きの質、③動きのバリエーション、そして④動きに負荷やスピードを加える、という４つのポイントに分けて解説します。これら４つのポイントには優先順序はありませんが、体への負担を最小限にするために、「動きの質」をよくしてから「動きに負荷やスピードを加える」のが理想的です。それぞれについて解説していきましょう。

1 動きの感覚

2 動きの質

3 動きのバリエーション

4 動きに負荷やスピードを加える

❶動きの感覚

「動きの感覚」とは、文字通り自分の動きや姿勢の感覚がよいかどうかです。今あなたが座って本書を読んでいるとしたら、自分がどのような姿勢で座っているかわかりますか？　お尻のどの部分が椅子に接しているか、背中がどのくらい曲がっているか、あるいは反っているか、背中に対して頭がどのあたりにあるか、わかりますか？

ひとつ実験をしてみましょう。

鏡の前に立って、あるいは誰かと向かい合って、目をつぶり両腕を地面と平行になるように上げてみてください。目を開けて鏡に写った自分の腕は地面と平行ですか？　誰かと向かい合っているのであれば、腕の高さをチェックしてもらいましょう。平行よりも上がったり下がったりしていませんか？　ひょっとしたら左右差があるかもしれません。もしそうであれば、自分が「やっていると思っていること」と「実際にやっていること」の間に違いがあるということになります。

この腕を上げるという単純な動きで自分の動きを把握していないとしたら、シュートを打つという、より複雑な動きを把握して改善することは、よりむずかしいことになるでしょう。自由自在に体を動かせるようになるために、エクササイズをするときに自分が思った通りに体を動かせているか確認し、自分がやっていると思っている動きや姿勢と、実際にやっている動きや姿勢の差をなくして、「動きの感覚」を研ぎ澄ませましょう。

両腕が床と平行になっている

平行よりも高い

平行よりも低い

Variation

セルフチェック：片足ひざ上げバランス

写真の通り片足の姿勢をとり20秒維持できるかチェックする。

上半身がまっすぐ

かかとから頭が一直線。太ももが地面と平行

上半身が横に倒れている

立っている側のひざが曲がり、上半身が後ろに倒れている

上半身が前に倒れている

❷動きの質

「動きの質」とは動きのよし悪しのことです。単純におもりを何キログラム持ち上げることができるという量ではなく、どのように体が動いているかということです。質の高い動きでエクササイズを行うことによって、体への負担を軽減し、ケガのリスクを減らし、効率的に力強い動きができるようにします。

「動きの質」をよりよくするために「動きの感覚」が必要であることは言うまでもないでしょう。自分の体がどのように動いているのかわからなかったら、よいも悪いもわかりません。最初は鏡を見たり動画を撮影したりして、自分の動きをチェックする必要があるかもしれませんが、いずれは「動きの感覚」を身につけて、自分の体の動きを調節できるようにします。

骨格や筋肉のつき方には個人差があるのですべての人に当てはまる「正しい」動き方というものはありません。ただ、理想的な動き方を理解するうえで役立つ「ジョイント・バイ・ジョイント（Joint by Joint）」という原則がありますので、それを紹介します。

ジョイントとは「関節」、そしてバイは「ずつ順番に」という意味で、体の関節は足先から頭まで「動きやすいほうがよい関節」と「動きにくいほうがよい関節」が交互に並んでいるという原則です。

本書では主に胸椎・腰椎・股関節の関係性に注目します。胸椎は胸まわりや肋骨、腰椎はお腹まわりや腰、股関節は足の付け根の部分で、胸椎と股関節は「動きやすいほうがいい」、そして腰椎は「動きにくいほうがいい」関節です。

腰椎と股関節の関係を示す例として「犬と尻尾（P7）」を思い出してみましょう。犬が尻尾を振っているときには、まっすぐに安定した腰椎を含めた脊柱が土台になり、股関節を軸に足が上下左右に動いています。つまり動きにくいほうがよい腰椎が安定し、動きやすいほうがよい股関節を軸に足を動かしている、「質の高い動き」です。

一方で尻尾が犬を振っているときには、股関節よりも主に腰椎が軸になって足が上下左右に動いています。この場合、足を動かすために動きやすいほうがよい股関節ではなく、動きにくいほうがよい腰椎が動いているので、「質の低い動き」になります。

次に、胸椎と腰椎の関係は、腕を上げる動きを例に見てみましょう（P19写真）。「犬と尻尾」での足を腕と入れ替えるとわかりやすいでしょう。動きやすいほうがよい肩関節と胸椎が動いて、動きにくいほうがよい腰椎が動かずに脊柱の自然な立ち姿勢が維持されているのが「質の高い動き」です。一方で、動きやすいほうがよい肩関節と胸椎の動きが不十分で、腕を上げるために腰椎が反ってしまい自然な立ち姿勢を維持できていないのが質の低い動きです。腕を上げ始めるとすぐに腰が反ってしまう人もいます。

腕や足を動かすたびに腰が動いてしまうということは、バスケットボールで激しく足が動くたびに、あるいはシュートやリバウンドで頭上に腕を上げるたびに腰（腰椎）が過剰に動くということです。腰が過剰に動くと足や腕が力強く動きにくくなるだけではなく、腰に負担がかかり腰痛の原因になるかもしれません。

動きやすいほうがよい

頚椎上部
肩関節
胸椎
股関節
足関節
第一中足趾関節

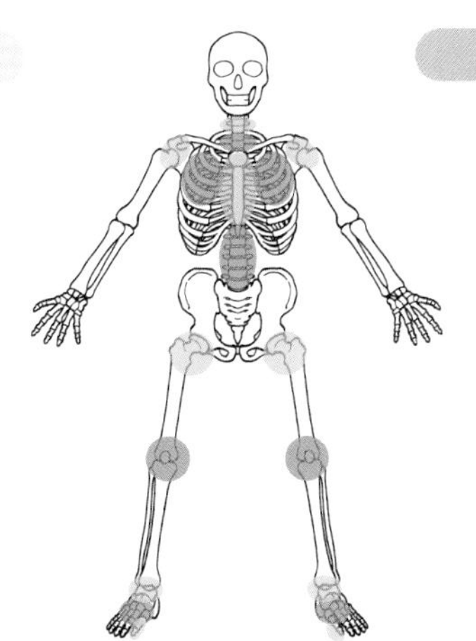

動きにくいほうがよい

頚椎下部
肩甲胸郭関節
腰椎
ひざ関節
足

佐藤トレーナーの視点

隣り合った関節の関係性

質の低い動きに見られる、過剰に動いてしまっている「動きにくいほうがよい関節」と、十分に動いていない「動きやすいほうがよい関節」は、ほとんどの場合隣り合っている。そしてそれらの関節は原因と結果の関係になっていることが多い。たとえば腕を頭上に上げるときに、腰が反ってしまっているのは、隣の関節である胸椎が動きにくいのを補っているというわけだ。

○

自然な立ち姿勢を維持できている

×

腰が反っている

「質の高い動き」とは、動きやすいほうがよい関節がよく動き、動きにくいほうがよい関節が動くことなく安定しているということです。

一方で、「質の低い動き」は逆に、動きやすいほうがよい関節が十分に動かずに、動きにくいほうがよい関節が動いてしまっているということです。

よって、「質の低い動き」を改善するためには、ジョイント・バイ・ジョイントの原則にしたがい、できるだけ動きやすいほうがよい関節を動かして、動きにくいほうがよい関節を動かさないことです。

これを胸椎、腰椎、股関節の関係性に当てはめると、体が腕と足の付け根でしか動かないロボットのブリキのおもちゃのように、自然に立っているときの脊柱の姿勢を常に維持して動くことになります。

	動きやすいほうがよい関節	動きにくいほうがよい関節
質の高い動き	よく動いている	動いていない＝ 安定している
質の低い動き	十分に動いていない	過剰に動いている

ここで注意しておきたいのは、ジョイント・バイ・ジョイントの原則は、エクササイズを行うときにはしっかりと守りますが、スキルトレーニングのときにはあまり指摘しないという点です。

ご存知のようにバスケットボールスキルでは、すべての関節が連動して動き、決してブリキのおもちゃのようには動きません。また、ダイナミックなスキル練習をしているときに一つひとつの関節の動きを指摘されても、体の動きを直すことはできないでしょう。

イメージとしては、エクササイズを通じて動きの質を向上することで、動きやすいほうがよい関節が徐々に動きやすくなり、動きにくいほうがよい関節が動きにくくなっていく結果として、スキル練習の動きが徐々に変化していくという感じです。

	動きやすいほうがよい関節	動きにくいほうがよい関節
エクササイズのとき	動かす	動かさない
スキルのとき	大きく動く	過剰に動かない

ジョイント・バイ・ジョイントの原則にしたがってエクササイズを行うことで、単純に持ち上げることができる重さの量が増えるだけではなく、効率的なより質の高い動きを身につけることができます。本書ではよく見られる質の低い動きも紹介しているので、参考にして自分の動きを確認しながらトレーニングをしましょう。

スクワットにおける質の高い動きと
よく見られる質の低い動きの例

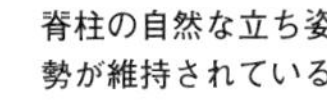

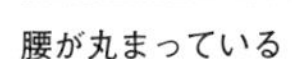

脊柱の自然な立ち姿勢が維持されている

腰が丸まっている

腰が反っている

❸動きのバリエーション

動きのバリエーションとは、いろいろな動きができるということです。いろいろな動きができるということは、さまざまな状況に対応できるということです。走る、跳ぶ、運ぶ、投げる、捕る、はう、倒れるなど、いろいろな動きを、人は本来ルールや決まりのあるスポーツではなく自由な遊びを通じて習得します。しかし、近年の遊ぶ時間の減少が一因となり、これらの基本的な体の動きができない子どもが増えています。残念ながらスポーツに参加しているからといって、これらの動きを習得できるわけではありません。また、体の動きには無限の種類があるのですべてをトレーニングで網羅することはできません。

そこで、スポーツの中に遊びの要素を取り入れ、基本的な体の動きを習得する機会を提供することが大事です。一方で、体の動きを分類し、それぞれの動きをマスターすることで、できる動きのバリエーションを増やしていきます。Part 4（P99～）で紹介している動きの分類を理解して、動きのバリエーションを増やしましょう。

❹動きに負荷やスピードを加える

バスケットボールで力強い動きをするためには、筋力とスピードつまりパワーをつけることが不可欠です。いくら動きの質がよくても、試合を通じて力強い動きを維持できなくては、練習や試合での高いパフォーマンスは期待できないでしょう。したがって、それぞれのエクササイズを質のよい動きでできるのであれば、おもりを使ってエクササイズに負荷をかけたり、エクササイズを行うスピードを上げたりすることでパワーを向上させます。気をつけることは、負荷やスピードを加えたときに動きの質を下げないことです。理想的な動きの質を維持できるように、段階的に負荷やスピードを調節することが大切です。

「動きを通じて体を鍛える」うえで大切な原則を、①動きの感覚、②動きの質、③動きのバリエーション、そして④動きに負荷やスピードを加える、という４つのポイントに分けて解説しました。これらを踏まえてエクササイズやスキル練習に取り組みましょう。

Column 0

「1:23の法則」

「動きを通じて体を鍛える」うえでのポイントのひとつである「動きの質」。質の低い動きの原因は、トレーニング中の動きだけではなく、日常の動きや姿勢も関係しています。質の高い動きでトレーニングを行っても、座る、立つ、ご飯を食べる、授業を受ける、テレビを見るといった日常生活で質の低い動きや姿勢をしていると、せっかくのよいトレーニングも台無しになってしまいます。

1日にトレーニングを1時間行うとしても、残りの23時間の体の動きや姿勢のほうが、体に大きな影響を与えるという意味で、これを「1：23の法則」と呼んでいます。もちろん、睡眠時間を8時間引いて「1：15」にしてもよいです。いずれにせよ、体を鍛えるためには、トレーニングをしている時間だけが大切なのではありません。これはトレーニングに限ったことではなく、腰痛などのリハビリをしている人にも当てはまることです。

もちろん1日中完璧な動きや姿勢をする必要はありません。1日の大半の時間をよい動きや姿勢で過ごしているのであれば、残りの時間に姿勢を崩してダラリとしていても問題はないです。

バスケットボールのスキル向上のためには、日常でも「動きの感覚」を使い、自分の体の動きや姿勢をチェックして「動きの質」を高めましょう。

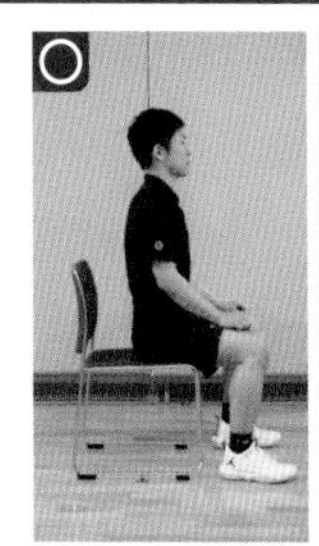
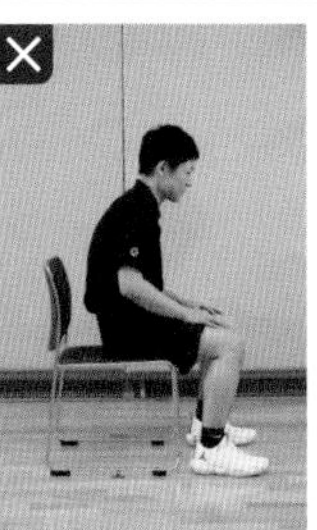
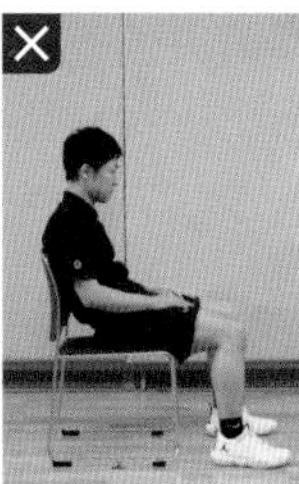

猫背の姿勢で座る習慣によって、胸椎や腰椎が常に丸まった状態に維持される。結果として動きやすいほうがよい胸椎は、固まってしまい動きにくくなる。一方で動きにくいほうがよい腰椎は、常に丸まった状態に伸ばされているので丸まる方向に動きやすくなってしまう

佐藤トレーナーの視点

猫背からの脱却

猫背の人が姿勢を改善しようとして骨盤を立てて背筋を伸ばしていると、腰や背中がムズムズと張ってきたり、時として痛みが生じたりすることがある。これは多くの場合、猫背の姿勢によって伸びていた筋肉がよりよい姿勢に慣れる過程に起きることなので安心してほしい。ムズムズしてきたら一度背中を丸めて猫背になって休んで構わない。落ち着いたらまた背筋を伸ばしてみよう。これを繰り返していると、筋肉が新しい姿勢に慣れて、あなたもよりよい姿勢に慣れてくる。

Part

スキルとエクササイズの関係

Part1では「スキルとエクササイズ」の関係を紹介します。
スキルのポイントと
それぞれのスキル向上に役立つエクササイズを理解して
スキルアップしましょう。

スキルのレベルアップは「ストップ」がカギを握る！

「ストップ」から始めるわけは

バスケットボールでは、よく「ストップが大事」といわれます。でも、実際の指導現場では、ストップについてそれほど深く追求しているチームはありません。多くのバスケットボール関連の本でも、「ストップ」をしっかり取り上げているものはないでしょう。「スキル」と題したこの章では、最初に「ストップ」から始めています。なぜそこまでストップにこだわるのか。

ひとつは前十字靭帯の断裂など、バスケットボールでよく聞く大きなケガの多くはストップや着地など、スピードを減速したときに起こりやすいからです。正しいストップを身につけることで、ケガのリスクを抑えようというわけです。

もうひとつは、よりバスケットボール的な意味合いを持っています。

簡単な例をあげましょう。みなさんが自転車に乗っているとします。チームの集合時刻に間に合いそうにありません。当然、全力で自転車を漕ぎたいところです。でもそのとき前輪、後輪ともにブレーキが壊れていたらどうしますか？　それでも全力で漕ぎますか？　そうはしないでしょう。最悪の場合、死につながるかもしれません。乗るとしてもコントロールできるスピードで漕ぐでしょう。

＊道路交通法では、自転車のブレーキは乾燥した平坦な道を時速10キロで走行しているとき、ブレーキをかけて3メートル以内で止まれなければならないと定められています。

止まれなければ加速の能力を生かせない

「速く走るにはどうしたらいいですか？」「ドリブルのスピードを上げるにはどうしたらいいですか？」

多くの選手はスピードを上げる方法ばかりを知りたがります。プレーのレベルを上げたいからです。それは大切なことですが、「ブレーキ」が壊れていたら、エンドラインを突き抜けていくだけです。学校の体育館が狭ければ、間違いなく壁に激突します。

では、速攻で3レーンをつくり、サイドライン沿いを全力で走ったとしましょう。ボールマンからパスを受けた。さぁ、あとはレイアップシュートを打つだけだ。このときディフェンスに真正面に立たれていたら……。おわかりですよね。止まれなければチャージングです。ターンオーバー。せっかくのチャンスが一転、相手ボールになります。

大げさにいってしまえば、バスケットボールでは止まり方を知らないと、加速の能力をいくら上げても意味がないのです。陸上競技の選手がバスケットボールをやるときに、一番怖いのは「止まれないことだ」

といいます。どんなに足の速い選手でも、止まりたいところで止まれなければ、バスケットボールではその速さを生かせないということです。

バスケットボールでは「速く走る」、「高く跳ぶ」といった単なる運動能力だけでなく、技術としての「ストップ」に上質さが求められます。上手にストップができれば、ストップしたあとのプレーの精度や、次の判断も高まりやすいのです。縦28メートル×横15メートルの狭い空間に、10人の選手がひしめき合うような競技では、走ることや跳ぶことと同じくらい「ストップ」も重要なのです。

上質なストップが総合的なレベルアップにつながる

高校生以上の読者であれば、物理の授業で運動方程式「F=ma」を教わったことがあるでしょう。

Fは「力」、mは質量、aは加速度です。詳細な説明は省きますが、止まるときもまさに「F=ma」です。みなさんの体重（m）とスピード（a）の積で出た力（F）。エネルギー）が100だったとして、動きを止めるためにはそのエネルギーを0（ゼロ）にしなければなりません。体重は変わりませんから、加速度をいかに早くゼロにするか。そのための上手な体の使い方があることを、まずこの章で最初に紹介し、続く２章以降で、必要なエクササイズを解説していきます。

上質なストップを身につけたうえで、素早い動き、力強い動き、パスやシュートといったスキルを身につけると、全体的なレベルアップにつながるのです。

ストップがプレーの質を高める

上質なストップ

Point 上体を前傾し3つの関節をバネのように曲げて、ショックを吸収

佐藤トレーナーの視点

足の力を鍛えよう

上質なストップのためには、片足スクワットやスプリットスクワットで下半身の３つの関節をバネのように曲げるスクワット動作をマスターし、これらのエクサイサイズに負荷やスピードを加えて筋力やパワーを向上する。同時にローテーショナルプランクで体幹を鍛えることで、臀筋を含めた下半身の筋肉が力を発揮するための土台づくりをする。

このエクササイズを参照！

●ローテーショナルプランク P064 ●片足RDL P106 ●スプリットスクワット P116
●片足スクワット P120 ●ドロップスクワット P130

●「スキルアップ」＝「リスクダウン」

バスケットボールで多く見られるケガである、前十字靭帯損傷時の特徴は、①上半身が起きているか後ろに倒れている、②着地の瞬間にひざがあまり曲がっていない、③着地した足が上体よりも前に出ている、であるとされている。逆に考えて、前十字靭帯の損傷のリスクを減らすためには、ストップや着地、切り返しのときに、①上半身を前傾させ、②ひざを曲げ、③足を上体から離しすぎない動きをすればよい。つまり、質の高いスクワットの動きをマスターすることで、ケガのリスクを減らすことができると考えられる。

さらに、ケガの多くは片足でのストップや着地、切り返しのときに起こることが多いので、両足で行うスクワットよりも片足で行う片足スクワットやスプリットスクワットをマスターすることが重要である。また、上半身の前傾は股関節を軸に行うべきなので、片足RDLが役立つ。

そして忘れられがちなのは、これらのエクササイズの動きに負荷とスピードを加えることである。エクササイズに負荷やスピードを加えて筋力やパワーを向上することで、長い練習や試合の最初から最後まで質が高く力強いスキルを維持することができる。さらに、ケガは筋肉が疲労しているときに起こることが多いので、ケガのリスクを減らすこともできると考えられる。

動きの質とともに負荷やスピードにこだわることで、スキルアップと同時にリスクダウンが可能となる。

上体が起きて
ひざが伸びている

前傾してひざを
曲げている

スキルとエクササイズの関係②

体の使い方を知れば、プレーの幅が広がる

インサイドピボット

Point 1歩目でしっかり減速して、2歩目で止まる

佐藤トレーナーの視点

股関節の柔軟性を

インサイドピボットのストップでは１歩目の股関節が内転した姿勢になるので、足の力とともに股関節の柔軟性が求められる。クロスオーバーステップなどで準備しよう。

クロスオーバースクワット　クロスオーバーステップ

このエクササイズを参照！

●サイドプランク　P062
●片足スクワット　P120
●ラテラルスクワット　P124
●クロスオーバースクワット　P128
●クロスオーバーステップ　P138

●ストップのバリエーションを増やそう！

インサイドピボットはプレーの幅を広げるために必要なストップである。とくに女子は「ケンパ（次ページ）」を使っている選手が多いが、プレーの幅を広げるためにもインサイドピボットを身につけておきたい。

写真のようなドリブルストップだけでなく、パスを受けるときのストップでも使える。

ケンパ

●「ケンパ」は次への対応が遅れる

1歩目の足で踏みきって、両足で同時に止まる通称「ケンパ」。

とくに女子に多く見られ、ストップ後、どちらの足でも軸足にできるメリットがある。しかし、ストップするまでに時間がかかるため、よりよいディフェンスに対してスピーディーな対応がしにくいというデメリットもある。

写真はドリブルストップだが、パスを受ける際のストップで「ケンパ」を使うと、どちらの足でも軸足になるため、ドライブのバリエーションが増える。

1歩目の減速が不十分ではダメ

1歩目でしっかり減速できないと上半身が流れて傾いてしまい、次のプレーがしにくくなる。とくにインサイドピボットでは1歩目の減速が大切。効果的な減速のためには下半身の強化が重要。

2つのスクワットがスペースを生み出す

プルバック

Point 横ぶれを防ぐためには、横の体幹の安定性が重要

佐藤トレーナーの視点

サイドプランクも行おう

横向きのストップでは、体が横にぶれやすい。足のエクササイズとともに、サイドプランクにも取り組もう。

このエクササイズを参照！

●サイドプランク　P062
●ラテラルスクワット　P124
●クロスオーバースクワット　P128

●ディフェンスとの間合いを生むプルバック

ディフェンスと競り合いながらトップスピードのドリブルをしているときに有効な「プルバック」。ディフェンスとの間合いを大きくできる。横向きで止まるため、横の体幹の安定性が求められる。

上半身を使って止まる

パンチストップ

Point 強いドリブルで体幹が締まる

強く突くドリブル

瞬間的に力強いドリブルを突くことで、体幹が反射的に固まる

Variation

パンチストップをその場で止まるためだけではなく、ステップバックやサイドステップに応用してみよう

佐藤トレーナーの視点

体幹が上半身と下半身をつなげる

上半身の力強い動きが体幹を通じて下半身に伝わる。

このエクササイズを参照！

▼

●ローテーショナルプランク　P064
●片足スクワット　P120
●ドロップスクワット　P130

片足スクワット　ドロップスクワット

Advice

ドリブルを強く突くメリット

ドリブルを強く突くと、相手にボールを奪われにくくなるだけでなく、手のひらにボールがつく時間が長くなり、次のプレーに素早く移行しやすくなる。

●パンチストップは脚力だけではない

トップスピードのドリブルから急にストップするときに有効な「パンチストップ」。ドリブルを強く突くことで反射的に体幹が固まる。体幹が固まると脚力も出やすくなり、止まりやすくなる。

床を押して動く

ピボット／ジャブステップ

Point 床を押す感覚を養って、動きを鋭くする

佐藤トレーナーの視点

方向転換の質を高める

ただ足を動かすだけでなく、床を力強く押すことで鋭いピボットができる。

このエクササイズを参照!

●ラテラルスクワット P124
●ローテーショナルスクワット P134
●ピボット強化のための複合エクササイズ P140

●フリーフットで"押す"

フリーフット（自由に動かせる足）で"床を押す"イメージで足を動かすと、ピボットを鋭くできる。

●床を押す動きはジャブステップにも通じる

床を押す動きは「ジャブステップ」にも通じる。フリーフットを前に出すときも、引くときも、床を強く押すことで素早く、ダイナミックな動きになり、相手を揺さぶることができる。

速く動くには「後ろ足」がカギ

ドライブ

Point 後ろ足で押して体が前に進む

佐藤トレーナーの視点

足の指を柔らかく

トーシットやスプリットスクワットでドライブで重要な姿勢と足の指の柔軟性を鍛えよう。

このエクササイズを参照！

- トーシット　P090
- スプリットスクワット　P116

スプリットスクワット

床を蹴る
ひざが曲がっている
足が重心の真下につく
スムーズにスピードに乗れる

後ろ足で蹴って体が前に進むことを感じる

鋭いドライブをするためには前足を前に出すことではなく、後ろ足で床を蹴ることを意識して体全体が前に進んでいることを感じよう。後ろ足で蹴ることを意識することで、次の１歩である前足が重心の真下近くにつくので、スムーズに床を蹴りスピードに乗ることができる。

✕ １歩目を「速く出す」と「大きく出す」は違う

ディフェンスを抜こうとして、「速く」出そうと思った１歩目を「大きく」前に出すとオーバーストライドとなりスピードに乗れなくなる。つまり、１歩目である前足を大きく前に出すことを意識すると、重心が高くなり前足が重心よりもかなり前方についてしまい、前足で地面を蹴るまでに減速し、結果として遅くなってしまうのである。陸上の短距離選手が大股でスタートしないのと同じように、１歩目の歩幅は次の１歩で素早く床を蹴ることができるように比較的小さいのだ。「速く出す」を「大きく出す」と勘違いしてオーバーストライドにならないようにしよう。また、スピードがなくても駆け引きがうまければディフェンスを抜くことができることも忘れないようにしよう。

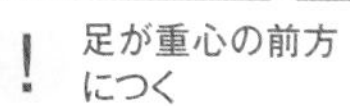

足が重心の前方につく

スピードに乗れない

横の動きもカギは「押す」動き

スライドステップ

Point 進みたい方向と反対の足で床を押す

上半身の姿勢

骨盤の上で
姿勢を維持する

プッシュオフアングル

後ろ足

佐藤トレーナーの視点

蹴る足と床の角度も重要

速く走るために後ろ足で床を強く蹴るのは、横方向の動きでも同じ。さらに横方向の動きでは上半身の姿勢と合わせて、「プッシュオフアングル（P124）」と呼ばれる、蹴る足と床の角度も重要になる。

このエクササイズを参照！

●サイドプランク P062
●片足スクワット P120
●ラテラルスクワット P124
●ラテラルスクワット→スライドステップ P136

✕ 横の動きのオーバーストライド

ドライブ同様に速く動くために前足（進行方向の足）を大きく出そうとすると、オーバーストライドになり上半身が進行方向と反対の方向に倒れるので、1歩ごとに上半身が左右に揺れて安定しない。さらに上下運動が増えると、スピードにも乗れない。速く動くためのポイントは進行方向の足を出すことではなく、進行方向とは逆の足で床を力強く押すことだ。

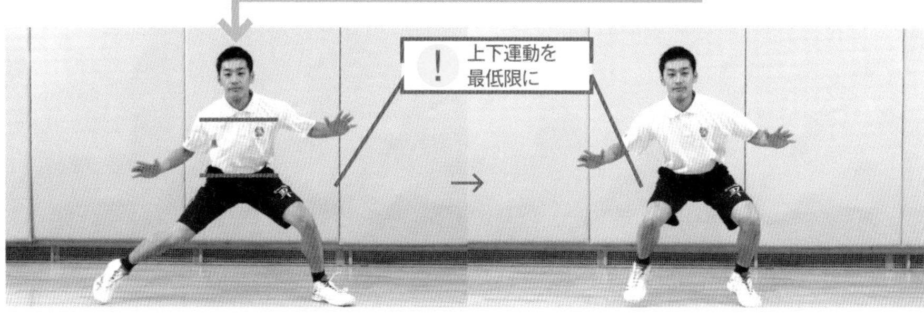

● 進化するバスケの運動理論

スライドステップはかつて「進行方向の足を意識する」といわれていた。しかしその後の研究で「後ろ足で床を蹴ることを意識するのが重要である」ことがわかった。運動理論は進化している。

素早い足の入れかえが方向転換を助ける

エクスチェンジ

Point 頭や骨盤の高さを変えずに、足を素早く入れかえる

骨盤

上下動しない
ようにする

足の入れかえ

佐藤トレーナーの視点

NBAのハーデン選手に学ぶ

このエクスチェンジがうまいのがNBAのジェームス・ハーデン選手（ブルックリン・ネッツ）。うまい選手からはスキルだけでなく体の動かし方も学びたい。

このエクササイズを参照！

- スプリットスクワット P116
- 足の入れかえ運動 P132

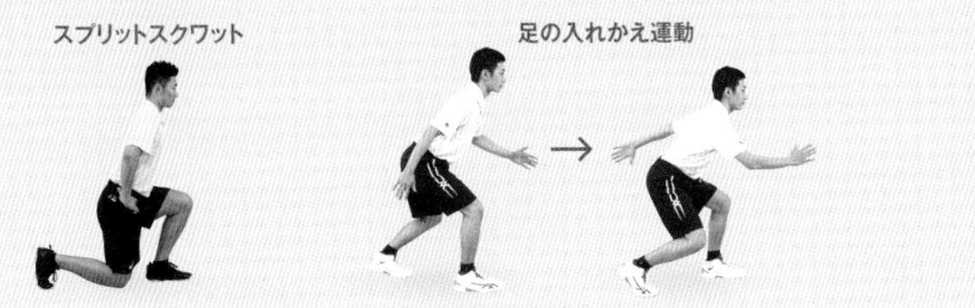

左足が後ろの姿勢から…

その場で足を入れかえて…

右足で蹴ってドライブする

●ボールハンドリング＋体の動かし方

ディフェンスにボディアップ（P44）をされるなど、コースを塞がれたら、素早く進行方向を変えたい。「エクスチェンジ」と呼ばれる素早い足の入れかえを骨盤の高さを変えずに行おう。

Variation

レッグスルーも習得！

エクスチェンジはボールのフロントチェンジ（クロスオーバードリブル）だけでなくレッグスルーを利用した方法もある。足を入れかえると同時に素早くレッグスルーし、一気に加速しよう。

バスケの練習で体を鍛える

ボディアップ

Point 体をぶつける習慣をつける

姿勢

佐藤トレーナーの視点

1対1に強くなる

ブレーシング（P9）も利用することでコンタクトに強くなる。

このエクササイズを参照！

- プランク P058
- スクワット P110
- ラテラルスクワット P124

プランク

ラテラルスクワット

●次の動作への備えは素早く

1対1のディフェンスでは抜かれないことはもちろん、オフェンスのフィジカルコンタクト（身体接触）を受けたときも、適切な姿勢を保ち続けて、素早く次の動作に備えておく必要がある。これを「ボディアップ」という。両足が地面についた状態で、体の中心でコンタクトをするとファウルにはならない。

バスケの練習で体を鍛える

ボディアップ（NG例）

鈴木コーチのスキル解説

ヘルプの起こらないディフェンスを

　ボディアップができないと何がよくないかといえば、オフェンスに抜かれることでディフェンス側にヘルプが必要になってくることだ。ヘルプが起こることは、現代バスケットではオフェンスのチャンスが広がることを意味する。

　オフェンスにチャンスを与えないためには、ヘルプが必要のないディフェンスが重要。そのためにはボディアップの習得が必須である。

　またオフェンスは速度を持つとコンタクトにも強くなり、ディフェンスは対応がむずかしくなる。オフェンスがドライブをしようとする最初の段階でボディアップができれば、オフェンスはスピードに乗れていないので、ディフェンスも守りやすくなる。

佐藤トレーナーの視点

スキル向上の秘訣：「ゲームライクな」練習をする

コンタクトを含めて、スキルの向上にもっとも簡単な方法であり、不可欠なのはゲームライク（Game-like：試合のよう）な練習だ。つまり、練習に試合のような競い合う要素が多く入っていればいるほど、選手は得点するために、もしくは得点されないように競い合い、技術を磨く機会が増える。

たとえば、コンタクトで当たり負けしないために何をするかと考えると、まずはフィジカルトレーニングが思いつく。ぶつかっても負けない体づくりをする。確かにその通りだが、いくらトレーニングで体を鍛えても、実際にぶつかり合う感覚はわからない。バスケットの練習でぶつかり合わなければ、試合で突然体をぶつけ始めることはないだろう。大げさにいえば、フィジカルトレーニングをしなくても練習の中で体のぶつけ方を学べば、当たり負けしない体と技術が身につくのだ。もちろんフィジカルトレーニングが不必要なわけではないが、それだけで問題が解決するのではないことを理解してほしい。

ゲームライクな練習は、試合で役立つそのほかのスキル向上にも欠かせない。ボディアップのようなフィジカルコンタクトに限ったことではなく、ドリブルで相手を抜き去るというような、他のスキルにも必要なのだ。本書でスキルやトレーニングのコツを理解して個人練習だけをしても、相手と競い合うゲームライクな練習をしなければ、見かけだけのうまさになってしまうだろう。

残念ながら日本のスポーツ現場ではアメリカに比べて、型にハマった繰り返しの個人練習が多く、選手が自分のスキルを試して学ぶゲームライクな練習が少ないと思う。また、ゲームライクは練習中に限ったことではない。私がアメリカでたくさんのチームをサポートして目撃したのは、練習前後に選手たちが誰にいわれるわけでなく１対１を多く取り入れていたことだ。これは新しく習得したスキルをチーム練習で試す前に、個人で試しているのではないかと思う。そしてスキルはもちろん、ハングリー精神や負けん気のような心構えもゲームライクな練習で磨かれるだろう。

コーチのみなさんはゲームライクな練習の利点を理解して、練習の組み立ての参考にしてほしい。そして選手のみなさんは、練習前後にチームメートをつかまえ１対１で切磋琢磨して、試合で使えるスキルを身につけよう。

ボックスアウトは背中だけではない

ボックスアウト

Point 横向きで押すと強さが増す

佐藤トレーナーの視点

横向きは押し負けを防ぐ

相手を背中でボックスアウトすると体の大きな選手が相手だと押し負けてしまう。横向きで押して対抗しよう。

このエクササイズを参照！

●サイドプランク P062
●ラテラルスクワット P124

Advice

「ボックスアウト」と「Tag & Pursue」

NBAのトロント・ラプターズが重要視しているスタッツに「Tag & Pursue（タグ&パスー）」がある。相手のペリメーターの選手がシュートを打ったときに、それを守っていた選手はシューターに一度タッチ（Tag）してからボールの行方を追う（Pursue）。このことを「Tag & Pursue」と呼ぶ。ゴール近辺のボックスアウトのみならず、ペリメーター、つまりアウトサイドにいる選手にも求めている。また、それをきちんと記録・伝達して、選手たちに徹底させている。それが2018-2019シーズンの優勝につながったのだろう。

! 相手に当たられる前に自ら当たりにいく
! 脚力を生かすための姿勢をとる

●背中に横向きをプラス！

相手がパワーのある選手であれば、背中でボックスアウトをしても押し込まれてしまうことがある。横向きのボックスアウトで押すと力強さが増すので、横向きで先に相手にぶつかりにいき（ヒットファースト）、リバウンドのポジションを確保しよう。

スキルとエクササイズの関係⑪

ボールを押す感覚がパスを変える

ワンハンドプッシュパス

Point ボールに力を伝える

佐藤トレーナーの視点

ワンハンドシュートにつながる

ムチがしなるように腕を伸ばしていくと、ボールに力が伝わりやすく、ボールも飛んでいく。この動きはワンハンドシュートを打つのと同じメカニクス。

このエクササイズを参照!

- プランク P058
- ローテーショナルプランク P064
- 肩の回旋のコントロール P092
- 四つん這い肩の回旋 P094
- 腕立て伏せ P148
- 壁腕立て伏せ P151

壁腕立て伏せ

鈴木コーチのスキル解説

ドリブルから使うと、より効果的

ワンハンドプッシュパスは、ドリブルをしている状態から使うと、より効果的となる。ドリブルをしていて、チャンスの味方を見つけたとき、「今」という一瞬のタイミングで素早くパスを出せるからだ。またスキルの習得と合わせて、上のようなエクササイズでパスのスピードを上げられると、さらに質のよいパスになる。

▼ムチがしなるように腕が伸びていく

! ボールを強く押す

! 勢いで腕が伸びていく

! 手は勝手にしなる

スキルとエクササイズの関係⑫

腕のねじれを抑えて精度を上げる

ツーハンドシュートからワンハンドシュートへ

Point　腕の動きの違いを理解する

ボールを押し出す

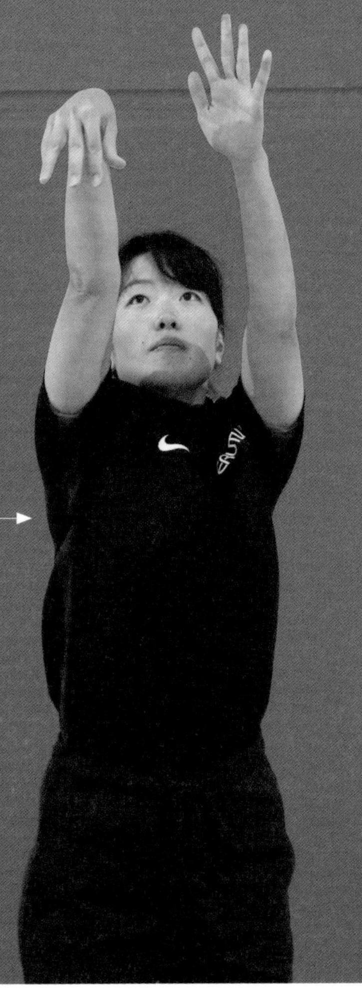

佐藤トレーナーの視点

肩まわりの柔軟性を促進する

質の高いフィニッシュのために肩の柔軟性と腕のコントロールを養う。

このエクササイズを参照！

●肩の回旋のコントロール P092
●四つん這い肩の回旋 P094
●腕立て伏せ P148
●壁腕立て伏せ P151

四つん這い肩の回旋

壁腕立て伏せ

●ツーハンドシュートからワンハンドシュートに移行するときのポイント

×
肩関節が外旋している（上腕に貼った黒いテープが外側に向いている）ので、前腕がねじれ、手が外を向き、シュートのコントロールがむずかしくなる

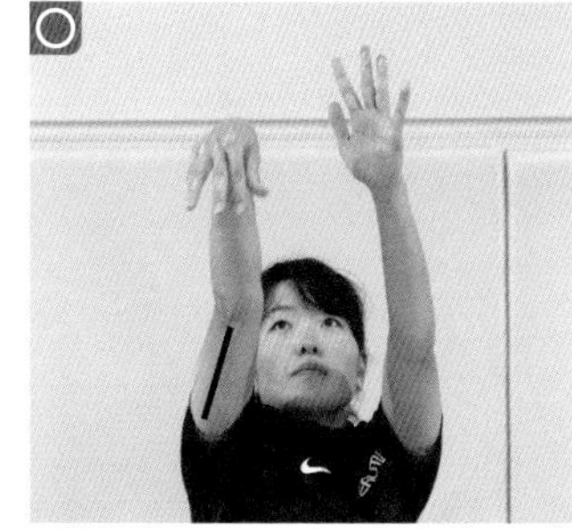
○
肩関節が回旋していない（黒いテープが正面を向いている）ので、まっすぐボールを押し出しやすくなる

ツーハンドシュートを打っていた選手がワンハンドシュートに変えようとするのはむずかしい。肩関節が外旋することで上腕がねじれ、フィニッシュのとき手首が外に返りがちになるからだ。「四つん這い肩の回旋」や「肩の回旋のコントロール」で改善しよう。

●言葉かけの罠

「手首を返そう」「ひじを伸ばそう」などと体の一部にフォーカスしすぎると、腕がムチのようにしなる体の「連動性」が損なわれてしまう。そのためボールにうまく力が伝わらず、飛距離が出ないことがある。選手だけでなく、コーチも体の一部にフォーカスする言葉かけは避けよう。「ボールを押してみよう」といった体の外側にある動きを表現すると、肩、ひじ、手首の順番で連動した動きが得られ、シュートの飛距離も伸びていく。

頭上で腕を自在に動かす

オーバーヘッドパス

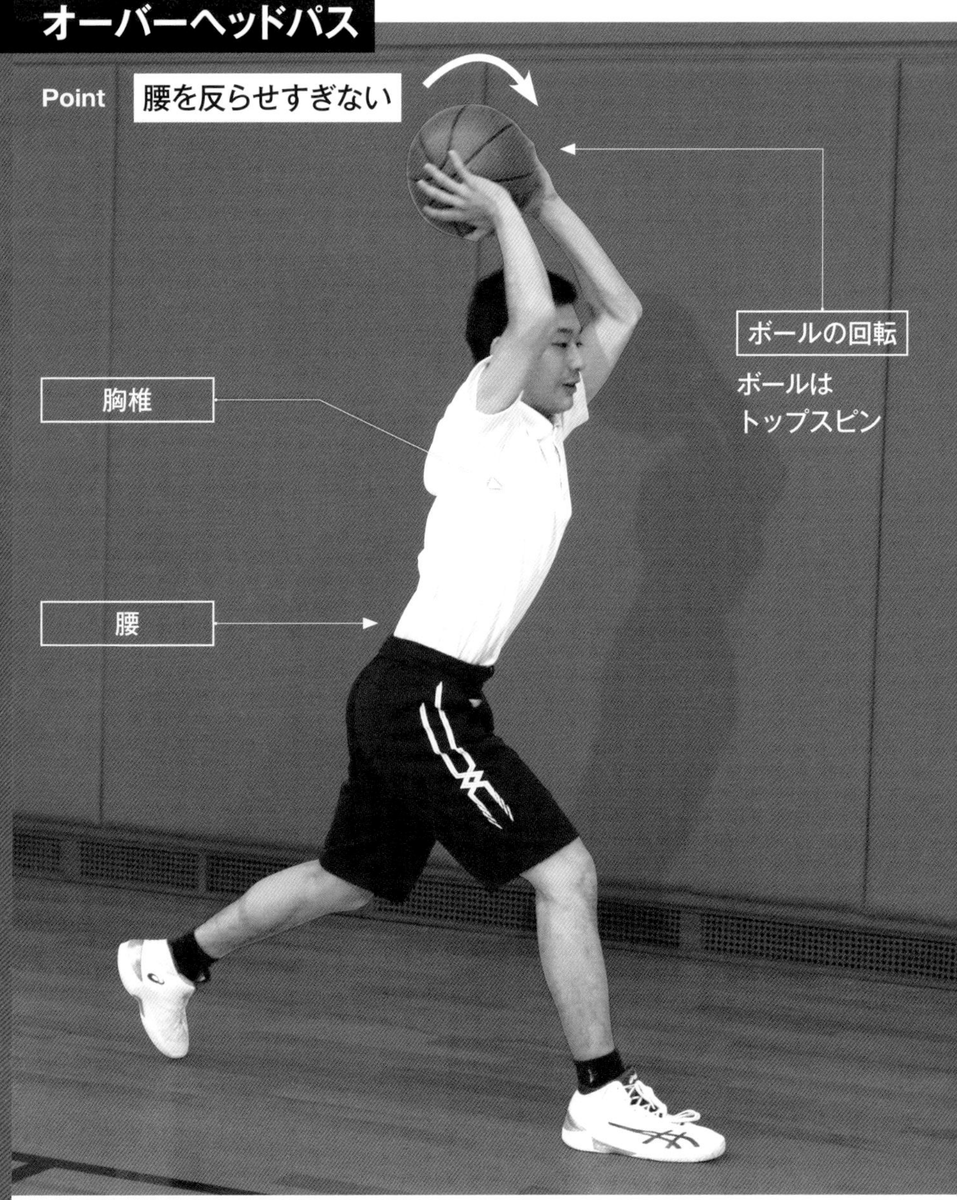

佐藤トレーナーの視点

胸まわりの柔軟性を手に入れる

オーバーヘッドパスは「ワンハンドプッシュパス」や「シュート」と比べて、腕を真上に上げる分、胸椎の柔軟性が重要になってくる。

このエクササイズを参照！

▼

●プランク　P058
●プレイアーストレッチ　P084
●椅子でプレイアーストレッチ　P087
●フロアスライド/ウォールスライド　P088-089

✕ 腰が過度に反るのは好ましくない

両腕を頭上に上げるときに肩関節や胸椎がしっかり動かないと、腰が大きく反ってしまう。オーバーヘッドパスでは腰も多少は反るのだが、必要以上に大きく反ってしまうと姿勢が崩れて、力強いパスを素早く出せない。また、腰痛の原因にもなる。

！
オーバーヘッドで、構えの段階で腰が反っている
！
胸椎の柔軟性がなく、腰を反ってパスしてしまう

●腕を上げる動きでは

腕を頭上に上げる動きとして「オーバーヘッドパス」や「リバウンド」、「シュート」などがあげられる。これらの動きを力強くするためには肩関節や胸椎の柔軟性、そして体幹の安定性が不可欠である。

Column 1

いつ直すか？
指導するタイミングを考えよう！

アメリカに「Don't fix it, if it's not broken.」という言葉があります。「壊れてないなら直すな」という意味です。たとえば選手を見たときに、好ましくない姿勢や動きをしていたとしましょう。それを直すべきかどうか。試合や練習中に背中が丸まって悪い姿勢だけれども、すごくいいプレーをしているときにその姿勢を直すべきか。正しい答えはありません。

私（佐藤晃一）であれば、その姿勢や動きが明らかにひどく、かつその選手が比較的に若い選手であれば、適切な情報を与えて、直すように意識づけをしています。しかし、ベテラン選手の場合はしばらく様子を見るでしょう。もちろんアドバイスを求めてきたら教えます。また、いくら素晴らしいプレーをしていても、痛みがある場合には、痛みと姿勢や動きを関連させたうえで介入します。姿勢や動きを修正することでシュートフォームや選手のスキルに影響が出ても、痛みが出ていて、その姿勢や動きの悪さが関与しているのであれば、直さないといけません。

ただ、スキルを行っている最中に、姿勢や動きの悪さを修正するのはほぼ不可能でしょう。リングへ向けてドライブしているときに「姿勢をよくしなさい」といっても、選手も修正はできないでしょう。したがって、ドライブの姿勢を改善したいのであればスプリットスクワットというように、まずはスキルの基本となっているエクササイズを改善します。それが改善されたら、スプリットスクワットの姿勢でのドリブル練習のような、少し複雑な練習を行い、ドリブルをしながらでも姿勢を保てるようにします。

このような取り組みをするために、スキルとエクササイズの関連性の理解が役立ちます。姿勢や動きを改善するのには時間がかかるものです。疲れると昔の慣れ親しんだ姿勢や動きに戻ることもあります。1カ月くらい経って変化に気がつくこともあります。本書では、まず「動きの質」を観察して、よりよい姿勢や動き、より力強い動きができるようになることを目指します。しかし、それを見直すきっかけやタイミングを見極める必要があります。また、どのくらいの時間で直っていくかを、長い目で見ないといけないこともあるので、そのことを忘れないようにしましょう。

ドライブとスプリットスクワットの姿勢

Part

体幹エクササイズ

体幹エクササイズの主な目的は、
ジョイント・バイ・ジョイントの原則が示すように、腰椎を動きにくくすることです。
腰椎が動きにくくなることによって、
コンタクトするときや、腕や足を激しく動かすときに姿勢が崩れにくくなります。
体幹を鍛えてスキル向上のための基礎をつくりましょう。

体幹エクササイズ 1

プランク

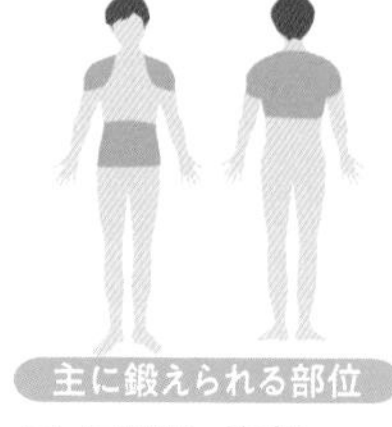

主に鍛えられる部位
肩、肩甲骨、腹部

体幹の前面の腹筋群を鍛えるエクササイズ。体幹の前面の筋肉は、オーバーヘッドパスやボディアップのように、体を反らせるような力が体にかかったときに対抗する役割をしている。

時間 **10**秒×**5**(5秒休憩)

両腕と両足で自然な立ち姿勢の体を支える

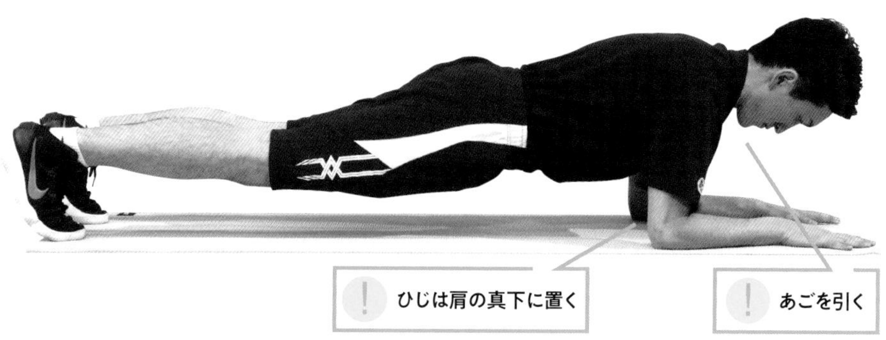

! ひじは肩の真下に置く

! あごを引く

佐藤トレーナーの視点

体幹は動かさずに鍛える！

体幹のエクササイズの目的は脊柱、とくに腰椎を動きにくくするためなので、脊柱を動かさないで鍛える。腰椎を繰り返し丸めたり伸ばしたりねじったりするエクササイズは、せっかく動きにくくしたい腰椎を繰り返し動かして動きやすくしてしまう。それだけではなく、腰椎の椎間板に過剰な負担をかけるとされているので、上体起こしやロシアンツイスト、上体反らしのようなエクササイズはやらないことをオススメする。

× 上体起こし　× ロシアンツイスト　× 上体反らし

こんなプレーにつながる！

ボディアップ　P44

ワンハンドプッシュパス　P50

オーバーヘッドパス　P54

佐藤トレーナーの視点

なぜ「10秒×5セット」に区切るのか？

プランク、サイドプランク、ブリッジでは一度に60秒の姿勢維持をするのではなく、まずは10秒間という短い時間の姿勢維持を繰り返そう。繰り返すたびに姿勢のチェックができるので、姿勢がNGの例のように崩れている場合は、その都度修正することで、姿勢の感覚を身につけやすくなる。エクササイズによる筋緊張の継続によって筋肉への血流が妨げられると、腰部の不快感や痛みの原因のひとつとなるが、短い時間に区切ることで、これを避けることができる。時間を区切ってもトレーニングの効果は失われないので心配は無用。10秒×５セットが簡単になったら、15秒 ×４セット、20秒×３セットというように時間を長くしてみよう。もし、10秒×5セットがむずかしい場合は、次のページのAdviceを参考にしよう。

体幹エクササイズ 1

プランク

Advice

エクササイズがむずかしい場合には難易度を調節する

プランクで自然な立ち姿勢を10秒×5で維持できないのであれば無理に床でプランクを行わずに、腕を壁やテーブルの上に乗せて難易度を下げたプランクから始めよう。逆にプランクが簡単な場合、片腕を上げたり、片足を上げたりすることで難易度を上げよう。エクササイズの難易度を調節することで、効率的かつ安全に体幹を鍛えよう。

Variation 難易度ダウン

腕の位置で調節。腕の位置が高いほど簡単になる。

Variation 難易度アップ

腕や足を上げて難易度を上げる。

足を上げる

プランク足上げ

プランク腕上げ

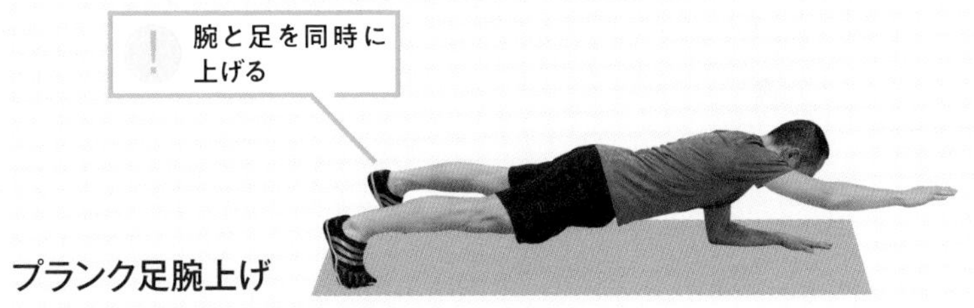

プランク足腕上げ

プランクの姿勢が
維持できている

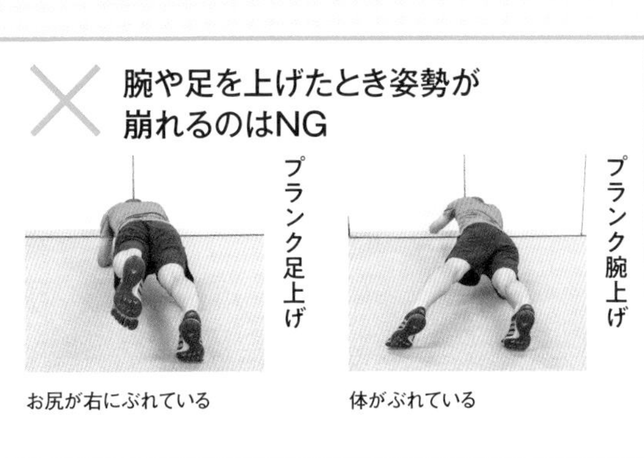

腕や足を上げたとき姿勢が
崩れるのはNG

お尻が右にぶれている

体がぶれている

体幹エクササイズ 2

サイドプランク

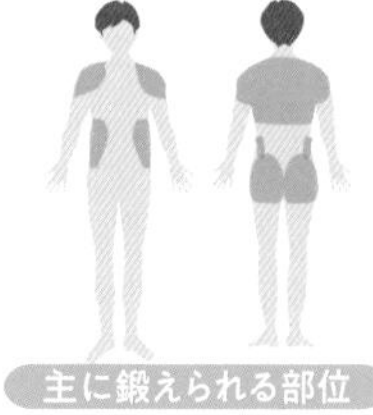

主に鍛えられる部位

肩、肩甲骨、脇腹、臀部

バスケットは横の動きが多いスポーツである。その横の動きでぶれが起きないよう、サイドプランクで腹部の側面を鍛えて、安定させよう。肩のパッキング（P9）は横向きのボックスアウトのときに重要になる。

時間 左右**10**秒ずつ×**5**（5秒休憩）

肩の真下にひじを置き、前腕を土台にして体を浮かせる。自然な立ち姿勢を保つ。足は重ねても、前後にずらしてもOK

✕ 自然な立ち姿勢が保てなければNG

腰が上がりすぎている

腰が下がりすぎている

腰が曲がり「く」の字になっている

こんなプレーにつながる!

インサイドピボット　P28

プルバック　P32

スライドステップ　P40

ボックスアウト　P48

Variation

ひざ立ちサイドプランク

難易度ダウン

ひざを支点にすることで難易度が下がる。

足上げサイドプランク

難易度アップ

上の足を上げることで難易度が上がる。足を上げ続けてもよいし、上げたり下げたりしてもよい。

上の股関節を起点にする

佐藤トレーナーの視点

左右差をなくそう

人によっては左右の体幹の強さが異なることもある。もし左右差があると感じたら、それを改善することが最優先課題。たとえば弱いほうを1セット多くするなど、工夫してみよう。

体幹エクササイズ ③

ローテーショナルプランク

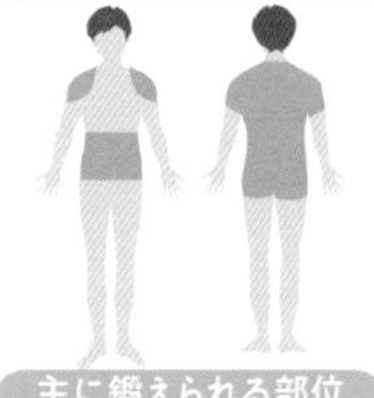

体を回旋（ローテーション）し、プランクからサイドプランクに移行するエクササイズ。ポイントはお尻と肩と足を一緒に開閉させること。ねじれの起こりやすい動きだが、ねじれを起こさないように回っていくことが重要。サイドプランクに開いたら、プランクの姿勢に戻る動きをしよう。左右差をなくすことも大切だ。

主に鍛えられる部位
肩、肩甲骨、腹部、脇腹、腰部、臀部

時間 20秒×2（5秒休憩）。回数は考えずに、姿勢を維持して動きを繰り返す

1

前腕を横にしてセットしプランクの姿勢をとる

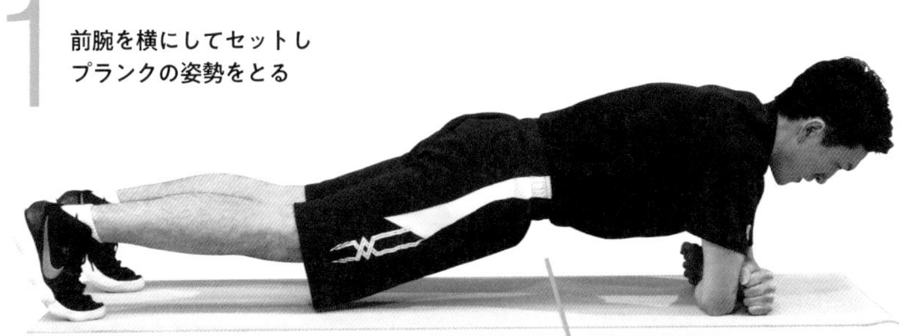

！ 腕を上げたら姿勢を維持して一時停止する

後ろから

2

お尻と肩を同時にゆっくり開く。このとき同時に足も回転させる

！ 一時停止してから肩と骨盤を同時に開く

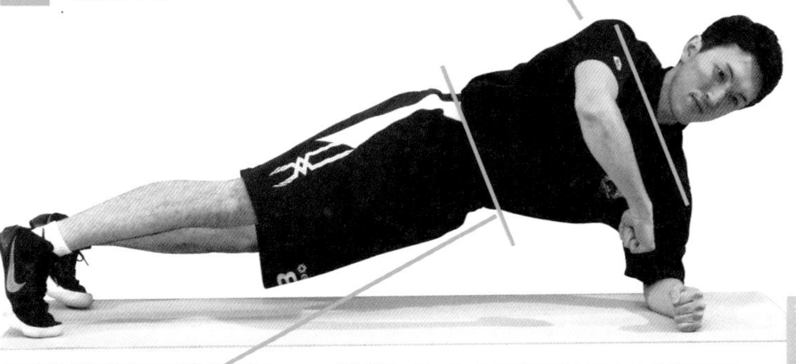

！ 体を本の硬い表紙のように開く

すぐにローテーションを始めるのではなく、片方の腕を上げたら、その場で1秒止まる

！ 足も同時に開いていく

後ろから

こんなプレーにつながる!

ストップ　P26

パンチストップ　P34

ワンハンドプッシュパス　P50

3 開くとサイドプランクの姿勢になる。写真のように右に開いたら、戻る動きで閉じていく。次に左に開いて、閉じる。これを繰り返そう

! 足の外側と内側で体を支える

✕ 背柱がねじれてしまうのはNG

体を開くときに骨盤が先に開き肩が遅れる

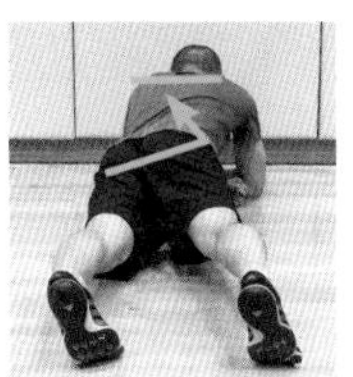

体を閉じるときに肩が先に閉じ、骨盤が遅れる

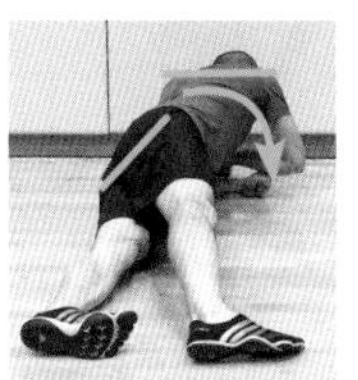

佐藤トレーナーの視点

ローテーショナルプランクは回数ではなく時間で行う

ローテーショナルプランクは「10回」のように回数で行うと、動きの質を気にせずに回数をこなしてしまいがちなので、「20秒」のように時間を決めて行おう。動きの質にこだわり、肩と骨盤を「同時に」開いたり閉じたりできるスピードで行い、上手にできるようになったらスピードを上げる。

ローテーショナルプランク

Variation 難易度ダウン

壁ローテーショナルプランク

床で行うローテーショナルプランクは、姿勢を維持するための筋力と、動きをコントロールする能力の両方が要求されるむずかしいエクササイズ。壁を使うことで筋力への要求が減るので、動きの感覚を養いやすくなる。筋力はプランク（P58）、サイドプランク（P62）、そして腕立て姿勢肩タッチ（P67）で向上できる。壁ローテーショナルプランクを使って動きの感覚と動きをコントロールする能力を養い、プランクのVariation（P60）のように徐々に腕の高さを低くして床でローテーショナルプランクができるようにしよう。

壁にプランクの姿勢をとる

肩、骨盤と両足を同時に開く

壁にサイドプランクの姿勢になる

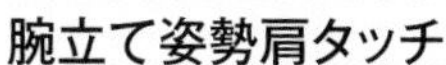

腕立て姿勢肩タッチ

難易度ダウン

ローテーショナルプランクで体を開くときに骨盤が先に開いてしまう場合、片腕で体を支えて、自然な立ち姿勢を維持できるよう、このエクササイズを行おう。

1 両足を肩幅に開いて、腕立て伏せの姿勢になる

肩がすくんでしまわないように
手のひら全体で支える

○

2 片手を浮かして姿勢を保ち、浮かした手で逆の肩をタッチする。お尻が横にずれないようにする

× お尻がずれるのはNG

佐藤トレーナーの視点

鼻歌を歌いながら

ローテーショナルプランクはもちろん、ほかのエクササイズを行うときにも、姿勢を維持するために必要な最小限の力を使うようにしよう。過度なブレーシング（P9）をして体をガチガチに固めて不必要な力を使って姿勢を維持するのはNG。徐々に鼻歌を歌いながらできるようにするのを目標にしよう。

体幹エクササイズ 4

ブリッジ

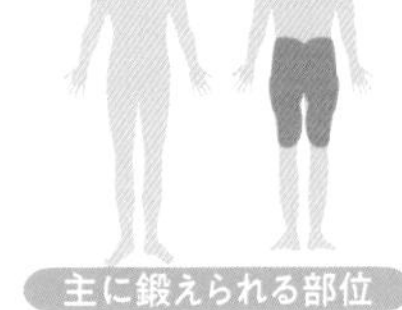

主に鍛えられる部位

腰部、臀部、腿裏

足裏で地面を踏みしめ、ひざを伸ばす感覚でお尻を持ち上げる。もしマットの上で行うのであれば、マットを伸ばすイメージで床をつま先のほうに押す。両腕で地面を押すと、体幹に力が入りやすくなる。

時間 **10**秒×**5**（5秒休憩）、片足ブリッジは左右**10**秒ずつ×**5**（5秒休憩）

1 仰向けになり、両ひざを曲げる

! 両手は床に伸ばす

2 足で床をつま先方向に押して、お尻を上げる

! 肩、股関節、ひざが一直線になる。腰を反らないように注意

こんなエクササイズにつながる！

RDL　P102

片足RDL　P106

Variation 難易度アップ

ブリッジマーチ

1 ブリッジの姿勢を維持して足を交互に上に。骨盤が傾かないように片足を上げる

2 反対の足を上げる

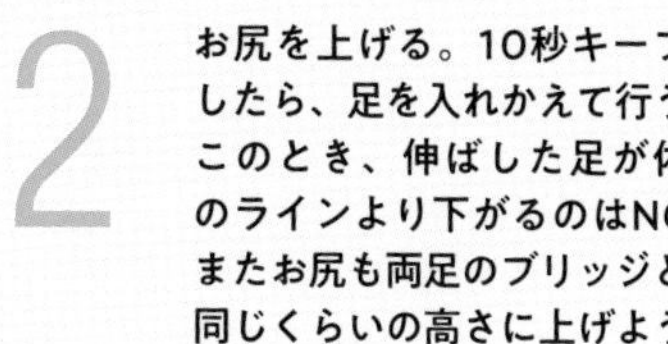

片足ブリッジ

1 片足をまっすぐに伸ばす

2 お尻を上げる。10秒キープしたら、足を入れかえて行う。このとき、伸ばした足が体のラインより下がるのはNG。またお尻も両足のブリッジと同じくらいの高さに上げよう

！ 足はまっすぐに伸ばす

体幹エクササイズ 5

アンチローテーショナルプレス

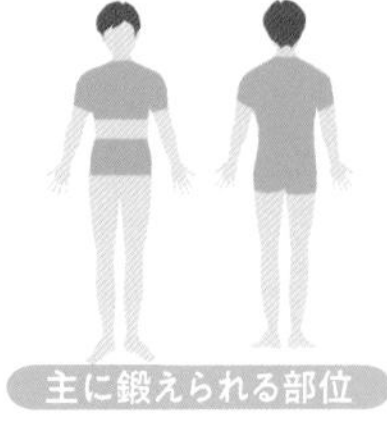

主に鍛えられる部位

肩、肩甲骨、胸部、腹部、腰部、臀部

アンチ（Anti）＝対抗する、ローテーショナル（Rotational）＝ねじれ、プレス（Press）＝押す、つまり「ねじれに対抗しながら押す」エクササイズ。パワーポジションの姿勢になって、バンドを胸の前で持つ。パートナーがバンドの片方を持って引っ張る。エクササイズを行う人は、その姿勢のまま腕を押し引きする。肩が上がらないように、肩をパッキングして行う。

回数 左右**10**回ずつ×**2**

1 エクササイズバンドを胸の前で持ち、パートナーがバンドの片方を持って真横に引っ張る

！ あごを引く

2 エクササイズを行う人は、その姿勢のまま腕を押し引きする

！ 肩をパッキングする

！ 足裏全体で支える

Variation

バンドなしでも行える

パワーポジションの姿勢になって、手のひらを合わせ、両腕を前に伸ばす。正面に立ったパートナーが手を挟んで、左右どちらかに押す。エクササイズをする人はパートナーの力に押し負けないように、いい姿勢を保つ。

パートナーは左右のどちらかに押す

やり方に変化を加える

毎日同じエクササイズでは飽きることもある。やり方に変化をつけてみよう。
①左右10秒ずつ押す×2
②押す人が、どちらから押すのか、いつ押し始めるのか、何秒押すかもわからない。
例：右から3秒、左から7秒。
力の加減も変える
③②のやり方で、押される人が目をつぶる

肩が上がっている

Advice

エクササイズバンドについて

インターネットで「トレーニングチューブ」や「フィットネスチューブ」と検索すると見つかる。円周2メートル、幅2～3センチ程度のものがよく使われる。このエクササイズはもちろん、他のエクササイズでも活用できる便利なアイテムだ。

体幹エクササイズ ⑥

ベア

四つん這いの姿勢から両ひざを浮かして、その姿勢を維持する。このとき背中が丸まったり、腰が反ったりしないようにしよう。また、手や足を浮かす際にお尻が左右にぶれないように注意する。

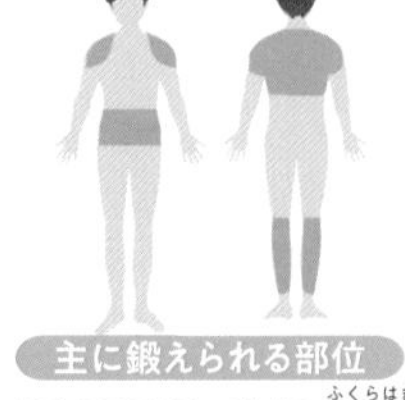

主に鍛えられる部位

肩、肩甲骨、腹部、脹脛（ふくらはぎ）

時間 それぞれ**1**秒キープ×**3**。バリエーションとして、秒数を増やす

1 四つん這いの姿勢から両ひざを浮かす

! 頭は背柱のラインにそろえる

! 手をしっかり開いて床を捉える

! 両ひざを浮かしたまま

2 片方の腕を前にまっすぐ伸ばす

! 右手と左手を交互に

佐藤トレーナーの視点

難易度低めのエクササイズ

ベアは体を支えている手と足の距離（レバー）が短いので、比較的簡単にできる体幹エクササイズだ。バリエーションとして、1の姿勢から四つん這い歩き、いわゆる「ハイハイ」をして進む「ベアクロール」と呼ばれるエクササイズもある。

3 片方の足を後ろにまっすぐ伸ばす。つま先は床に向ける

姿勢を維持して、背中は反らない
右足と左足を交互に

4 片方の足を後ろに伸ばしたまま、逆の腕を前にまっすぐ伸ばす

肩はパッキングする
体が左右にぶれないようにする
右手・左足と、左手・右足を交互に

体幹エクササイズ 7

スーツケースキャリー

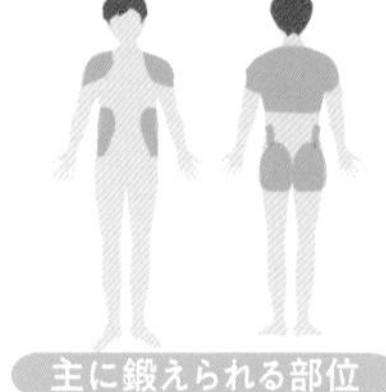

主に鍛えられる部位
肩、肩甲骨、脇腹、臀部

スーツケースを運ぶ（キャリー）ように片手でウエイトを持ち、自然な立ち姿勢を維持してまっすぐ歩く。軽いおもりから始めて、体重の半分くらいは簡単に持てるようになろう。日常生活で重い荷物を持って歩くときにも実践できる。

距離 ハーフコート3往復。折り返しでおもりを持ちかえる

姿勢をまっすぐに保って歩く。まっすぐな姿勢を保つことで、体幹を鍛える

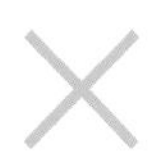

左右に傾く

ウエイト側に体が傾いている

ウエイトを持つ側と反対側に傾いている

Advice

おもりを持つときの姿勢

スーツケースキャリーで体が横に傾いてしまうのがNGであるのと同じように、ウエイトを体の前に持つときに腰が反ったり、お尻が前に出たりして上体が後ろに倒れてしまわないようにしよう。これはトレーニングをするときだけではなく、荷物を運ぶときも同様だ。

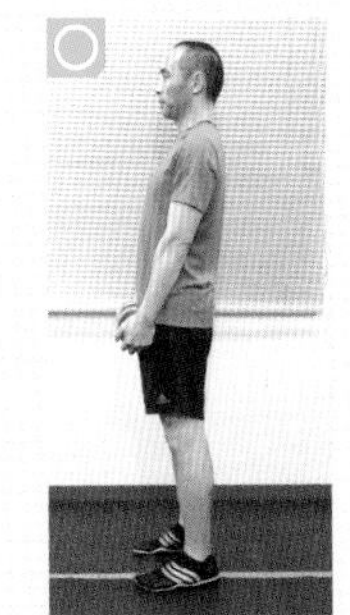

日常の何気ない姿勢もチェック

バックパックを背負ったり、スマホを見たりしているときの姿勢もチェック。頭のてっぺんに糸がついていて空から釣り上げられているイメージで立ってみよう。

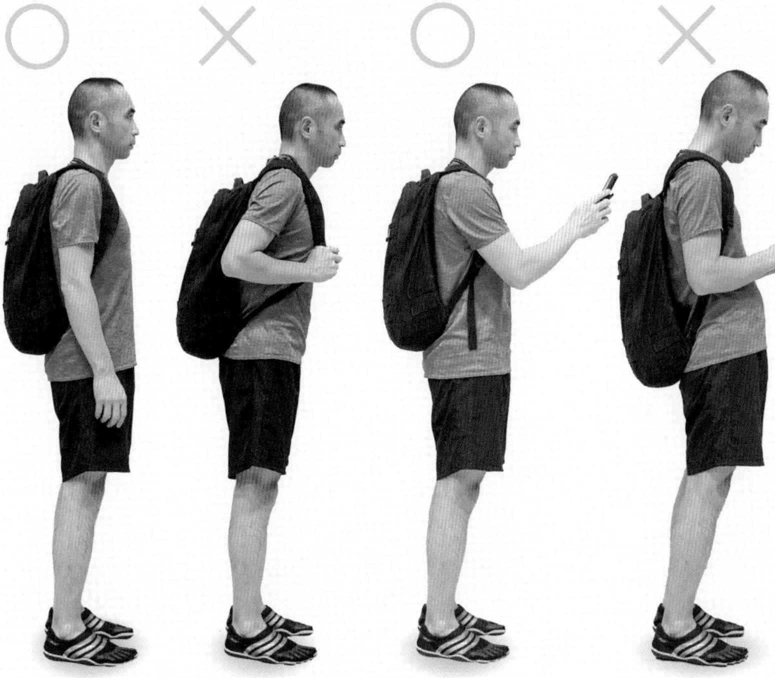

○ × ○ ×

Column 2

体幹エクササイズとストレッチの順番、どちらを先にする？

ストレッチと体幹エクササイズのどちらを先にするか？　まずはストレッチからと考えるところですが、そうともいえないのです。なぜでしょうか？　股関節の動きをよくするには股関節をストレッチするのが当然と考えます。

しかし、股関節のストレッチをしなくても、体幹のエクササイズをすると股関節が動きやすくなることがあります。つまり体幹を鍛えると、股関節や肩の動きがよくなったりするのです。試しに、体幹のエクササイズをする前後の腕や足の動きをチェックしてみてください。

また、一般的なストレッチをしているときに体幹に力が入るような工夫をすると、ストレッチがさらに効果的になります。たとえば「仰向け片足上げ」（P8）エクササイズでは、パートナーが腕を押すことで自然と体幹に力が入り、腕を押すことなく仰向けで足の上げ下げだけをするのに比べてストレッチがさらに効果的になるのです。試しに、仰向けで足の上げ下げをそれぞれ５回する前後の前屈と、パートナーに手を押してもらい足の上げ下げを５回する前後の前屈の違いをチェックしてみてください。いかがでしたか？

また、ストレッチをするときは体のどの部分から始めるべきでしょうか？　私は胸椎のストレッチから始めることをすすめています。それは、胸椎の動きをよくすると、肩や股関節の動きがよくなったりするからです。試しにスクワットやバンザイのような動きで、股関節や肩関節の動きやすさをチェックしてみましょう。次に、Part3で紹介する胸椎のストレッチ、「プレイアーストレッチ」（P84）などを行って、もう一度、股関節や肩関節の動きやすさをチェックしてみてください。変化はありましたか？

胸椎のストレッチと、同時に行う深呼吸の作用で体幹が安定し、股関節や肩関節の動きがよくなると考えられています。一見離れた体の部位でも「体はつながっている」のです。「この関節の動きをよくしたいから、この部位をストレッチする」というのは、決して間違いではありません。しかし、ある関節が動きにくい理由が、他の部位が原因の場合もあるのです。したがって、股関節を一生懸命ストレッチしても股関節が動きやすくならない人は、胸椎のストレッチや、体幹のエクササイズに取り組んでその効果をチェックしてみましょう。

さて、最初の問題に戻ります。何を最初にすべきでしょうか？　体幹のエクササイズを行うと股関節や肩関節が動きやすくなることがあり、同時に胸椎のストレッチをすると体幹が安定するので、股関節や肩関節が動きやすくなることがあります。ということは、まずは体幹のエクササイズや胸椎のストレッチをして、その後に他の関節や部位のストレッチをするほうがよさそうです。

本書ではまず体幹のエクササイズ、次にストレッチを紹介していますが「正解」はありません。これらを参考にして自分のルーティンをつくってみてください。

Part

基本のストレッチ

ストレッチの目的は、ジョイント・バイ・ジョイントの原則が示すように、
胸椎と股関節、そして他の動きやすいほうがよい関節を動きやすくすることです。
日常生活の動きや姿勢で動きにくくなりがちな
胸椎のストレッチを中心に紹介しています。
ストレッチをするときには呼吸も意識しましょう。

基本のストレッチ ❶

ワールドグレーテストストレッチ(サジタル)

動きやすいほうがよい胸椎、股関節、足関節を一緒にストレッチするので、「ワールドグレーテスト（World Greatest）」、つまり世界（World）でもっとも素晴らしい（Greatest）ストレッチと名づけられている。股関節が屈曲と伸展位にあり、動きのパターンとしては「サジタル（矢状面）」（P101）だ。呼吸を利用して胸を開き胸椎をストレッチしよう。

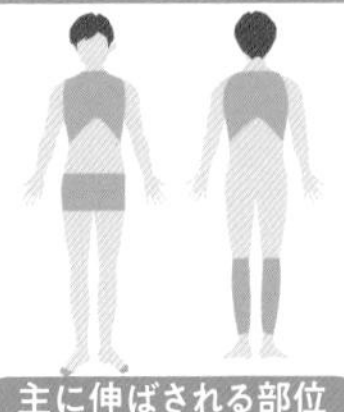

主に伸ばされる部位
胸椎、肋骨、股関節前、脹脛、足指

回数 右足前：左右**3**回ずつ、左足前：左右**3**回ずつ

1 足を前後に大きく開き、両手は前足の内側に置き①～③の順番で姿勢をつくる

! ①頭の位置を維持して

! ②かかとを床に近づける

! ③ひざを含めて体全体が伸びる

2 「腕を開いて胸を開く」のではなく「胸を横に開く」イメージで体を横に開く。開けるところまで開いたら、鼻から息を吸って吐きながらもう少し開く

! 胸を真横に開く

! お腹まわりを360度膨らませるつもりで息を吸う

! ドライブの後ろ足のイメージ

! 目線を天井に向ける

佐藤トレーナーの視点

呼吸と目線

ストレッチ、とくに胸椎のストレッチでは呼吸と目線が重要だ。息を吸うことよりも息をしっかり吐くことがポイント。まず口をすぼめてストローから息を吐くように、できるだけ長い時間をかけて肺の中にある空気をすべて吐き出そう。息を吐き切ったら、お腹まわりを360度膨らませるつもりで鼻から息を吸う。息を吐く際にさらにストレッチする。目線は胸椎の回旋の動きを促進するのに役立つ。回旋する方向に目線を向けよう。

×
頭がぶれる
○
頭から足までまっすぐ
3
前足の内側に手を戻す
4
手を入れかえ、前足と同じほうの手を大きく開く。足を入れかえ、同じ動作を繰り返す
!
胸が横に開く感覚で

基本のストレッチ ②

ワールドグレーテストストレッチ(フロンタル)

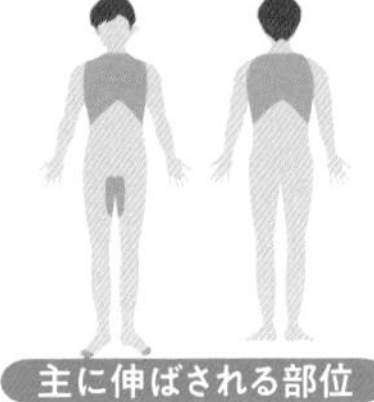

両足を開き股関節が外転位なので、動きのパターンとしては「フロンタル（前額面）」（P101参照）だ。サジタル同様、呼吸と目線を利用して胸椎をストレッチしよう。

主に伸ばされる部位
胸椎、肋骨、内腿

回数 右ひざつき：左右**3**回ずつ、左ひざつき：左右**3**回ずつ

1

床に両手をつける。右ひざは床につけ、左足を横に伸ばして開く

！ 縦の軸を意識する

2

伸ばした左足側の手を頭の後ろにつける

！ 手をしっかり開き床を捉える

3

左側の胸を開く

！ ひじではなく胸を真横に開く

！

胸を開き、鼻から息を吸って、口から長く吐きながらもう少し開き、閉じる。これを3回繰り返す

4 足はそのままで、手を入れかえ、ひざをついた右足側の手を頭の後ろにつける

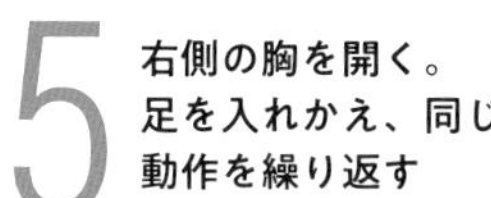

5 右側の胸を開く。足を入れかえ、同じ動作を繰り返す

Variation

ひざをつけずに

ひざを床につけずに行うこともできる。両手を床につけ、右ひざをやや曲げ、左足は伸ばす。片手を伸ばし、背骨を軸にして胸を開いていく。また両足を伸ばして行ってもいい。

基本のストレッチ 3

片ひざ立ちストレッチ

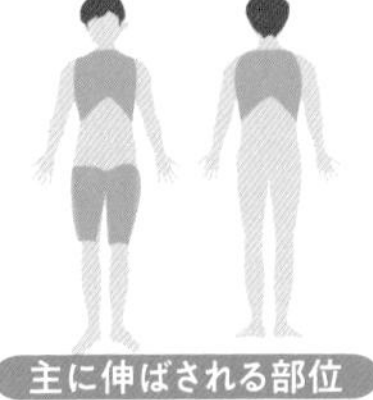

主に伸ばされる部位

胸椎、股関節前、腿前

体側（体の横）と、股関節がストレッチされる。お尻に意図的に力を入れたり、腰が反ったりしないように注意しよう。

回数 左右3回ずつ

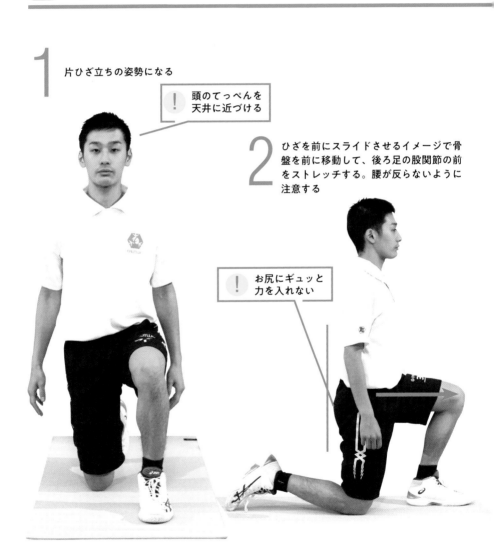

1 片ひざ立ちの姿勢になる

! 頭のてっぺんを天井に近づける

2 ひざを前にスライドさせるイメージで骨盤を前に移動して、後ろ足の股関節の前をストレッチする。腰が反らないように注意する

! お尻にギュッと力を入れない

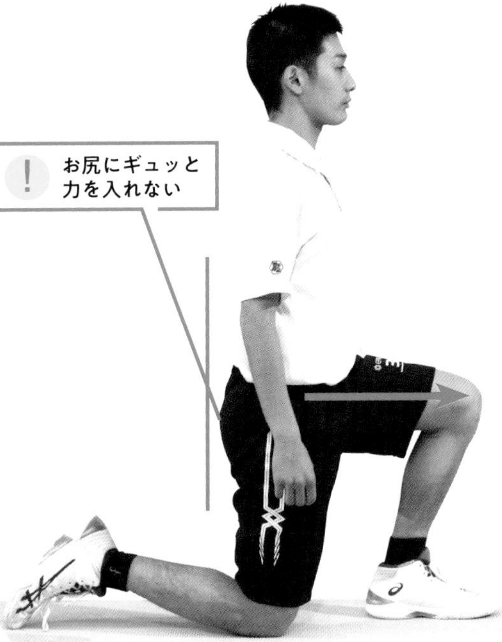

佐藤トレーナーの視点

腰を反らないように

股関節の前を伸ばす動きや、腕を頭上に上げる動きは腰を反る動きを誘発しやすい。動きにくいほうがよい部位である腰が反らないようにしよう。また、お尻の筋肉に意図的に力を入れることなくお尻を前方にスライドさせるイメージでストレッチしよう。

3 ①まず、ひざをついている側の手を天井に向かって伸ばす。②次に伸ばした手の高さを維持しながら反対側の手を地面に向かって伸ばす

腰が反らないように注意

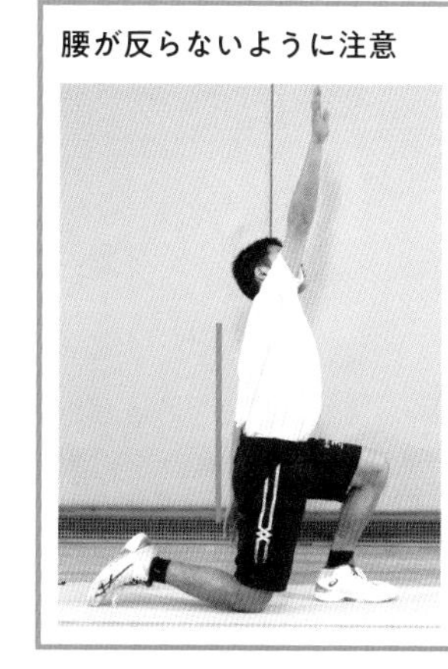

基本のストレッチ ④

プレイアーストレッチ

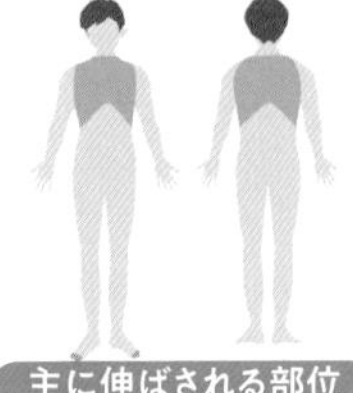

主に伸ばされる部位

胸椎、肋骨

お祈りをする人（Prayer）の姿勢なのでプレイアーストレッチと名づけられている。腰に手を置くことで肩が内旋し、頭の後ろに手を置くことで肩が外旋する。肩がどちらの状態にあっても胸椎がしっかり動くようにストレッチすることが大切。

回数 左右**3**回ずつ

腰に手を置く（肩の内旋）

1 両ひざを床につける。左腕はひじから床に、もう一方の右手は腰に当てる

！ お尻をかかとにつけても浮かせてもOK

！ 足首は曲げてても伸ばしてもOK

背骨はまっすぐに保つ

2 胸を開き鼻から息を吸ってお腹まわり全体を膨らませて、口から吐きながらさらに胸を開く

！ 胸を開くイメージで

背骨がまっすぐ維持できるところまで開く

！ 目線を天井に向ける

！ 息を吸うとお腹が膨らみ太ももに当たる

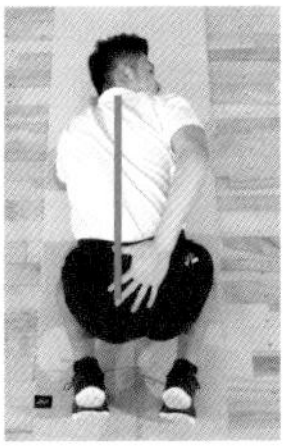

こんなプレーにつながる!

オーバーヘッドパス　P54

Advice

「継続は力なり」という文言を頭に刻んで！

胸椎の動きが硬くなっている人がこのようなストレッチを始めると、最初はほとんど横を向けない＝胸が開かないかもしれない。腕やひじで胸を動かさずに、「胸を横に少しずつ開く」イメージでやり続けると、開いていくので、焦るのは禁物！

頭に手を置く（肩の外旋）

1 頭の後ろに手を置く

2 左ページと同様に胸を開く

× 背骨が曲がる

無理して開くのではなく、背骨が曲がらないところまでという意識で行うことが大切

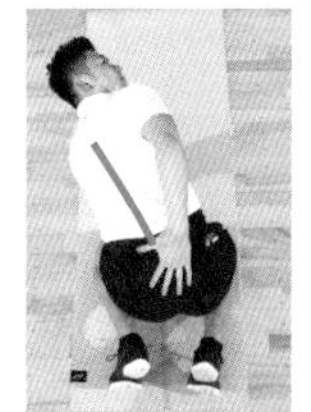

基本のストレッチ 5

あぐらで胸椎の回旋と側屈

あぐらをかいて、真横に体をねじり、前に出たひじを天井に向けて持ち上げることで、上げたひじ側の体側が伸びる。あごを引いて頭が前に突き出さないように気をつけよう。

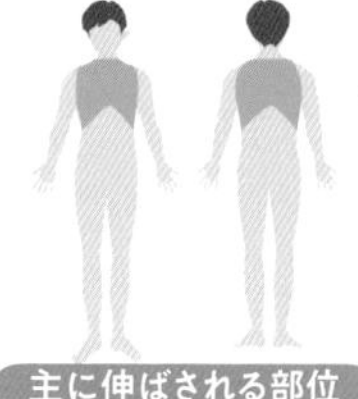

主に伸ばされる部位

胸椎、肋骨、脇

回数 左右**3**回ずつ

1 あぐらをかいて、両手を頭の後ろに置く

2 体を真横にねじる

! 頭のてっぺんを天井に近づける
! あごが出ないように

3 前に出たひじを天井に向けて上げる

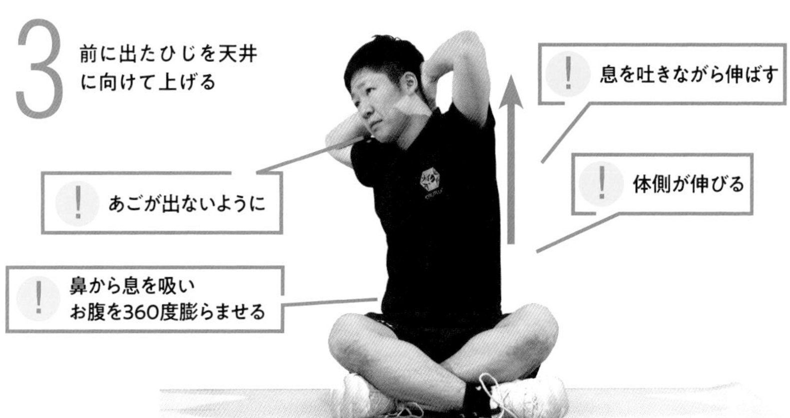
! 息を吐きながら伸ばす
! 体側が伸びる
! あごが出ないように
! 鼻から息を吸いお腹を360度膨らませる

椅子でプレイアーストレッチ

椅子を利用して、腕を上げた姿勢で胸椎と肩関節をストレッチする。呼吸を利用して徐々に胸を沈めて、ひじの曲げ伸ばしを行って腕を上げる柔軟性を向上しよう。

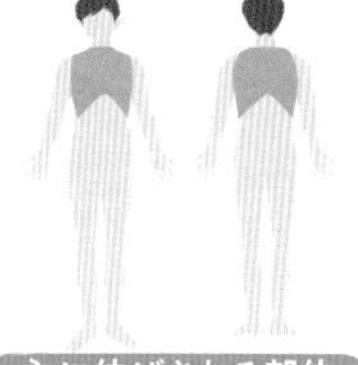

主に伸ばされる部位

胸椎、肋骨、脇

回数 3回

こんなプレーにつながる!

●オーバーヘッドパス P54

1 両ひじと両手の間隔が肩幅になるようにして棒を両手で持ち、両ひじを椅子の縁に乗せる。真上から見ると両腕が平行になる。鼻から息を吸いながら両ひじで軽く椅子を押す。口から息を吐きながら脱力して、お尻をかかとに近づけることで胸を地面に近づけていく。これを3回繰り返す

! 両ひじが椅子に固定され、両手に棒を持つことで腕を平行に保つことができる。棒を持つと手と手が近づくのを防ぐことができる

2 1を3回行ったらその姿勢を維持して両ひじの曲げ伸ばしを3回行う

Variation

ボールで代用

棒の代わりにボールを使うこともできる。
手は伸ばしたときに甲が下を向くようにする。

基本のストレッチ 7

フロアスライド／ウォールスライド

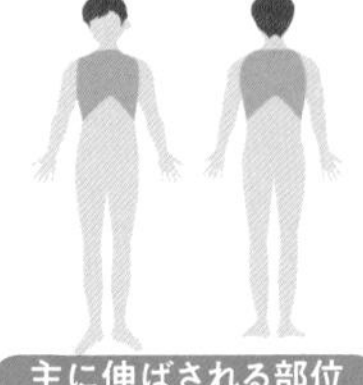

主に伸ばされる部位

胸椎、肋骨、脇

鼻から息を吸い口から息を吐きながら、腕を床や壁につけたまま伸ばしていく。腕が床や壁から離れそうになったら止めて戻す。

回数 5回

フロアスライド

1 仰向けになり、両ひざを立てる。ひじを曲げ、ひじから前腕にかけて床につける。鼻から息を吸う。

2 ひじと前腕を床につけたまま、口から息を吐きながら、ひじを伸ばしていく

× 腕が床から離れる

ひじを伸ばしていくとき、腕が床から離れるのはNG。床から腕が離れない範囲でひじを伸ばす

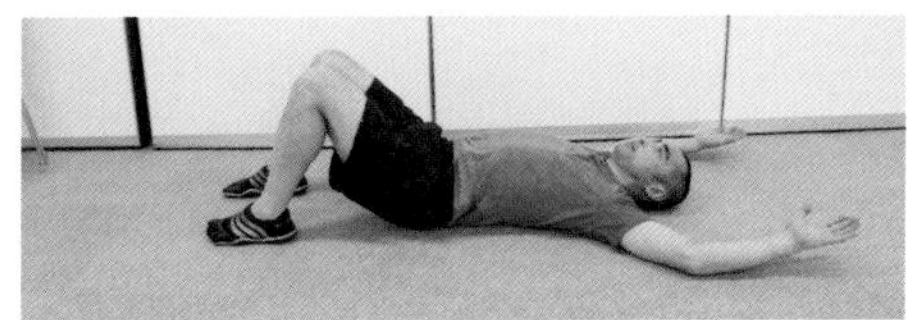

こんなプレーにつながる!

オーバーヘッドパス　P54

佐藤トレーナーの視点

胸椎のストレッチは大切

胸椎のストレッチは体全体の動きにつながる重要なもの。毎日のルーティンにぜひ取り入れよう。とくに基本のストレッチ❶～❸は股関節と胸椎のストレッチとして、毎日取り入れたいもの。❹～❼は、とくに胸椎にフォーカスしたストレッチなので、バリエーションとして日替わりで入れるとよいだろう。

ウォールスライド

1 あぐらをかいて座る。ひじを曲げ、ひじから前腕にかけて壁につける

2 ひじと前腕を壁につけたまま、ひじを伸ばしていく

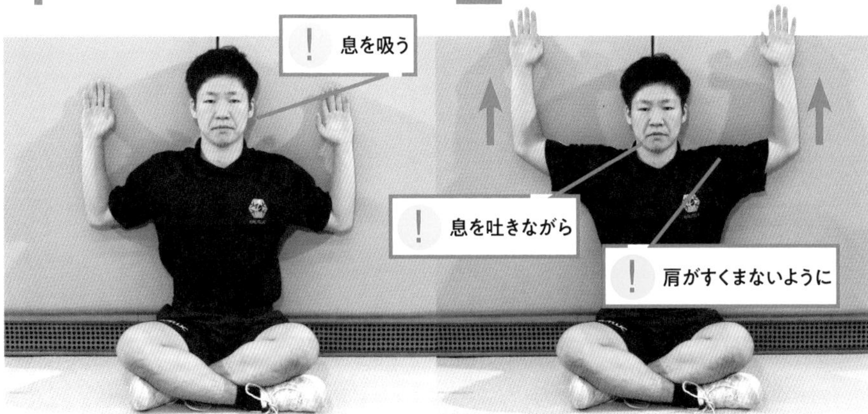

× 腕が壁から離れる

ひじを伸ばしていくとき、腕が壁から離れるのはNG。壁から腕が離れない範囲でひじを伸ばす

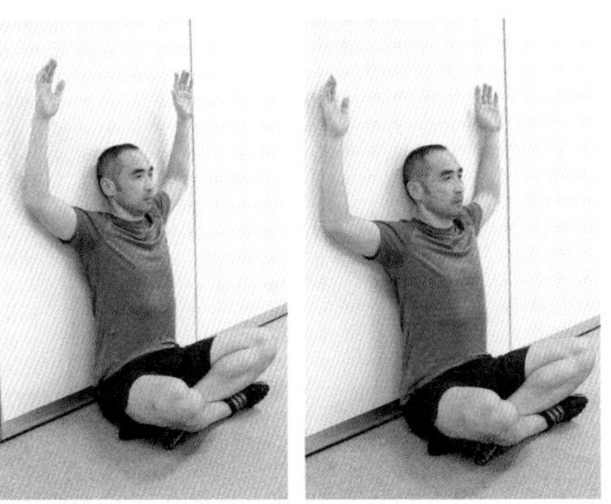

腕が離れる直前のところまで上げる

基本のストレッチ 8

トーシット

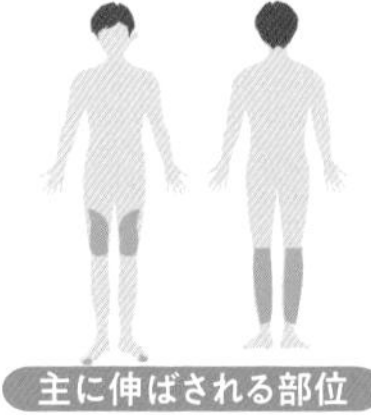

ジョイント・バイ・ジョイントの原則で動きやすいほうがよい足の指を反らせて（伸展）、足関節を曲げる（背屈）方向にストレッチするエクササイズ。足の指の付け根が常に床についているようにする。とくに足の指の動きはドライブ（P38）で、後ろ足で床を押すときに重要。トー（Toe）はつま先、シット（Sit）は座る、つまりつま先を伸ばした状態で座るという意味だ。

回数 **3**回

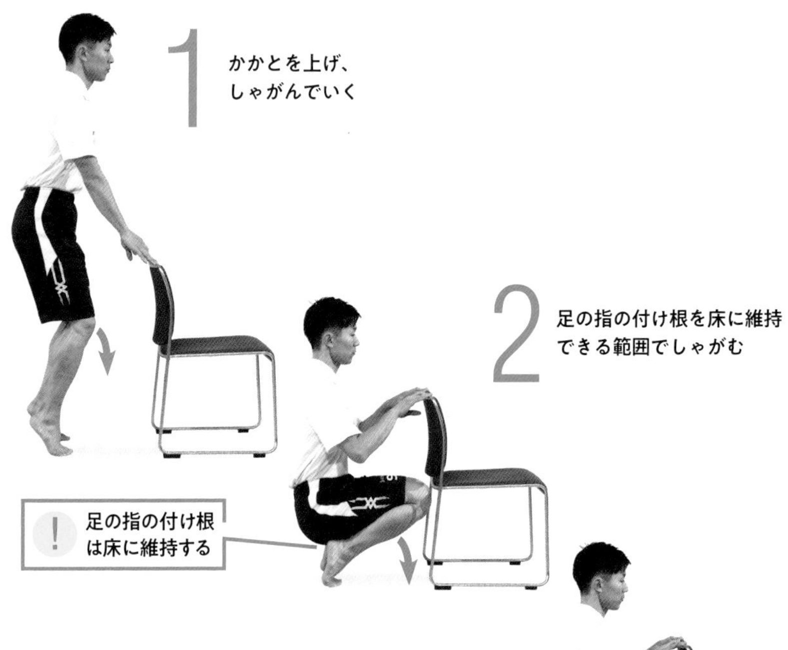

1 かかとを上げ、しゃがんでいく

2 足の指の付け根を床に維持できる範囲でしゃがむ

! 足の指の付け根は床に維持する

3 ひざが床につく、あるいは足の指の付け根が床から離れそうになった姿勢を10秒維持する

! 足の指の付け根（母指球など）を常に地面につけておくことが重要となる。足の指の付け根の部分が床から離れない範囲でしゃがむようにする

佐藤トレーナーの視点

足指の動きを意識する

ドライブにおいて後ろ足で力強く地面を蹴るため、そしてスプリットスクワットの姿勢をとるために必要な、足指の伸展の柔軟性をトーシットを使って向上しよう。

こんなプレーや動きにつながる!

ドライブ　P38

スプリットスクワット　P116

Variation

椅子を使用しないで行う。椅子のサポートがないので、自らバランスをとらなければならない。

1 かかとを上げる

2 しゃがむ

3 足の付け根が床に維持できる範囲内でしゃがむ

4 親指の付け根は床から浮かないようにして、ひざを床につける

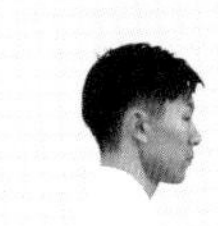

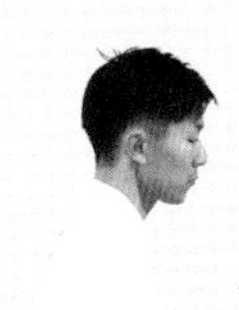

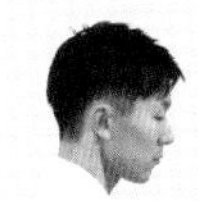

基本のストレッチ 9

肩の回旋のコントロール

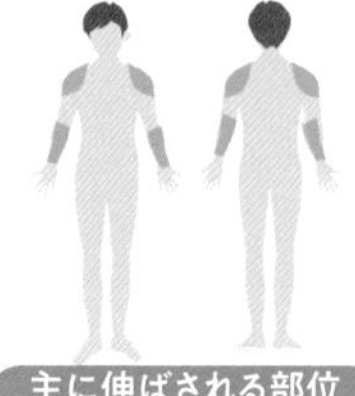

主に伸ばされる部位

肩、前腕

ツーハンドシュートからワンハンドシュートにかえようとするとき、フィニッシュで手が外に向いてしまうことがある。フィニッシュで手が外に向くとシュートの方向をコントロールすることがむずかしくなる。手が外に向いてしまう原因は肩関節が内旋して上腕が内側にねじれてしまうためである。このストレッチは、肩の内旋を防ぐのに有効だ。

回数 **5**~**10**回、片腕は左右**5**~**10**回ずつ

両腕

1 両腕を前に出し、手のひらとひじの内側を上に向ける

2 ひじの内側を動かさずに手のひらだけを下に向ける

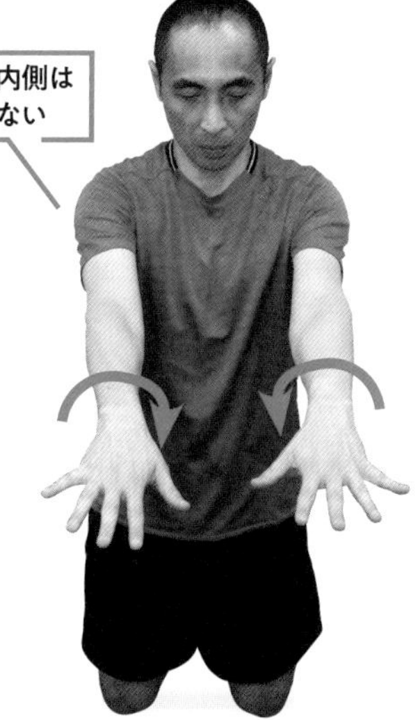

! ひじの内側は動かさない

✕ 手のひらが外を向く

ひじが内側に向くのはNG。肩が内旋してしまい、手のひらが外を向いてしまう

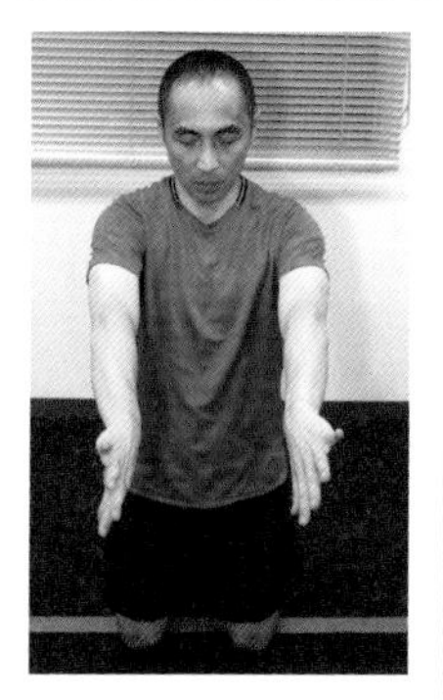

こんなプレーにつながる!

ワンハンドプッシュパス
P50

ワンハンドシュート
P52

1 片腕

片腕を前に出し、手のひらとひじの内側を上に向ける

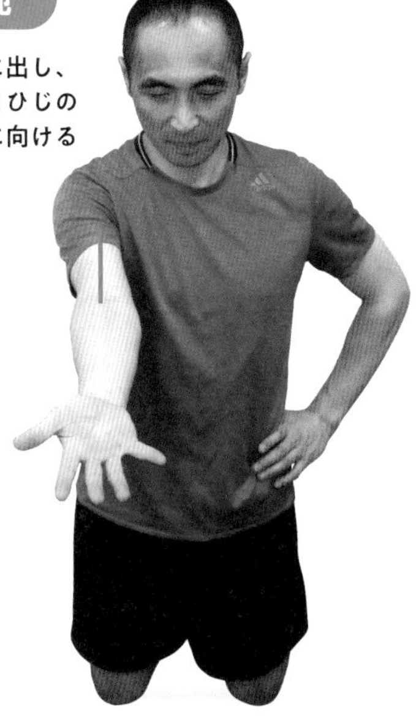

2

ひじの内側を動かさずに手のひらだけを下に向ける

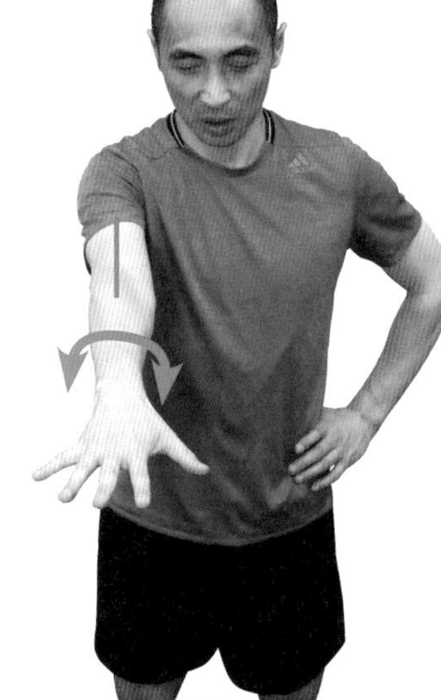

× 手のひらが外を向く

ひじが内側に向くのはNG。肩が内旋してしまい、手のひらが外を向いてしまう

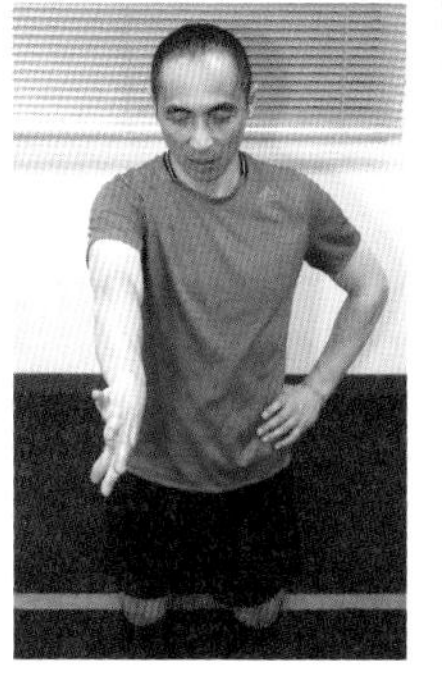

基本のストレッチ ⑩

四つん這い肩の回旋

「肩の回旋のコントロール」（P92）とともに、ワンハンドシュートのフィニッシュで手のひらが外に向いてしまうのを防ぐのに役立つストレッチ。四つん這いの状態でひじの内側が前を向くように肩を外旋させる。

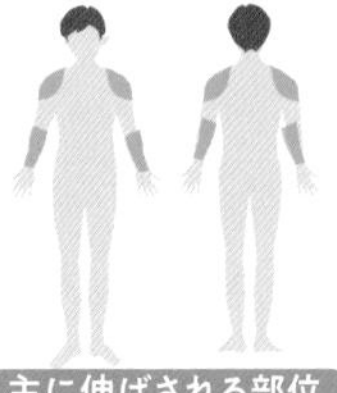

主に伸ばされる部位

肩、前腕

回数 **10回**

1

四つん這いになる

! 手のひら全体を床につける

! ひじの内側が向き合っている

こんなプレーにつながる！

ワンハンドプッシュパス　P50

ワンハンドシュート　P52

Advice

指をしっかり開き、手のひら全体を床につける

親指、人さし指の付け根は床から浮きやすいので、意識して床につけて体を支える。手のひらが床につくエクササイズでは常に意識しよう。

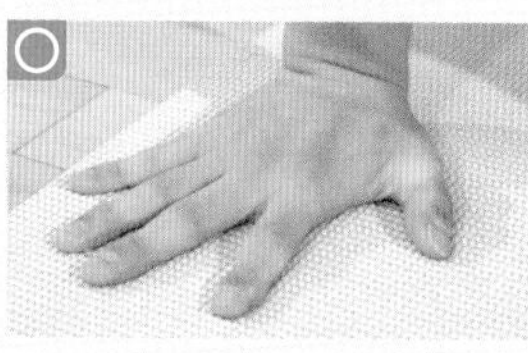

○ 親指、人さし指の付け根が床にしっかりついている

× 親指、人さし指の付け根が床から浮いているのはNG

2 ひじの内側を前に向ける

! ひじの内側が前を向く

佐藤トレーナーの視点

ダイナミックストレッチへの応用

日常行っているダイナミックストレッチも質のよい動きで行うことで、さらに体の動きをよりよくできる。これらは練習や試合前のウォームアップでよく行われるダイナミックストレッチと、それぞれによく見られる質の低い動きの例。質の高い動きに共通しているのは、足の裏で床を踏みしめつつ頭のてっぺんを天井に近づけ、重心を高く維持すること。ジョイント・バイ・ジョイントを参考にして、ダイナミックストレッチはもちろん本書で紹介していないエクササイズの動きもチェックしてみよう。

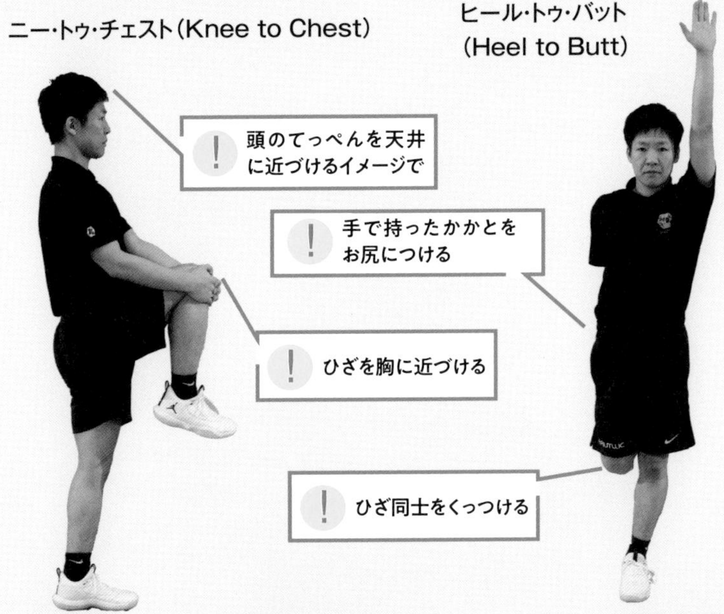
ニー・トゥ・チェスト(Knee to Chest)
ヒール・トゥ・バット
(Heel to Butt)
頭のてっぺんを天井に近づけるイメージで
手で持ったかかとをお尻につける
ひざを胸に近づける
ひざ同士をくっつける

×

胸がひざに近づいて背中が丸まり、立っているひざが曲がっている

ひざを持ち上げるために上半身を後ろに倒している

×

体が斜めになっている

ストレート・レッグ・キック
(Straight Leg Kick)

レッグ・クレードル(Leg Cradle)

姿勢を維持できる
範囲で足を上げる
足をかかえるように
して胸に近づける
背中が丸まっている
胸をひざに近づけて背中が丸まり、
立っているひざが曲がっている

Column 3

なぜ姿勢が大切なのか?

本書では、ジョイント・バイ・ジョイントの原則にしたがって、エクササイズを行うときは脊柱を自然な立ち姿勢に維持し、背中が丸まったり反ったりしているのはよくない姿勢としています。ここでは、なぜこれらが質の低い姿勢で、なぜ質の高いよい姿勢を維持することが大切なのか解説します。↗

まず、脊柱を自然な立ち姿勢に維持してパワーポジション（浅めのスクワット）の姿勢をとって、パートナーに横から肩をしっかりと押してもらい、押し負けないようにしてください。次に背中をわざと丸めた姿勢で肩を押してもらってください。同様に背中をわざと反らせた姿勢で肩を押してもらってください。↙

姿勢がいいと体幹が安定し踏ん張ることができるので押し負けない

姿勢が悪いと体幹が安定せず踏ん張りにくいので押し負けてしまう

それぞれの姿勢で違いがありましたか？ きっといい姿勢のときは押し負けなかったでしょう。一方で背中を丸めたり反ったりしたときは押し負けてしまったと思います。これはなぜでしょうか？ すでに説明した通り、腕や足が強い力を発揮するためには脊柱がいい姿勢であることが必要です。したがって、いい姿勢のときは足を踏ん張ることができたので押し負けず、そうでないときは押し負けてしまったわけです。バスケットボールで相手とコンタクトするときもいい姿勢、つまり、質の高い姿勢のほうがよいことは明白です。しかしスキル練習をしているときに姿勢を意識するのはむずかしいです。日常生活やエクササイズを通じて姿勢を改善していきましょう。↗

姿勢を改善するとき、腕や足の関節に比べて脊柱の動きの感覚は鈍いので、脊柱の姿勢を感じることができるようになるには時間がかかりがちです。「1：23の法則」（P22）で解説したように、日常から猫背の姿勢で過ごしている時間が長いと、とくに腰椎の動きをコントロールするのがむずかしくなります。

ひとつの解決策として、自然な立ち姿勢の状態で腰椎にテープを貼るという方法があります。腰椎を丸めるとテープが剥がれるので姿勢を感じやすくなります（私、佐藤晃一が子どものころは背中とシャツの間に長定規を入れられていました）。バスケットボールのスキルアップのために日常生活から姿勢を意識しましょう。

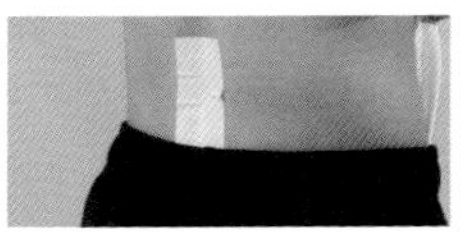

自然な立ち姿勢でテープを貼る

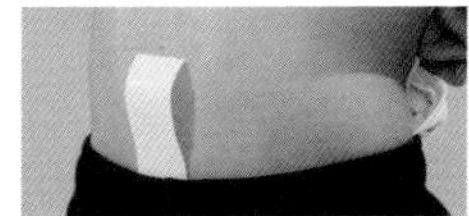

腰椎が丸まるとテープが剥がれる

Part

基本のエクササイズ

Part4では「基本のエクササイズ」を紹介します。
動きの質にこだわってエクササイズに取り組むことにより、
単純に筋肉を鍛えるだけではなく、
質の高い効率的な動きを身につけることができます。
また、バスケットボールスキルとエクササイズの関係を理解することで
スキル向上に役立ちます。

動きを分類してみた

本書では、体を動きで鍛えるためにエクササイズの分類を筋肉の分類ではなく、動きのパターンで分類しています。

下半身のパターンは、ヒンジ、スクワットそして、SKB（Small Knee Bend：小さくひざを曲げる）の3つです。

それぞれのパターンをさらに3つの運動面を使って分類します。

下半身のエクササイズの分類

		ヒンジ	スクワット	SKB
矢状面	両足	RDL（P102）	スクワット（P110）	SKB（P144）
矢状面	片足	片足RDL（P106）	スプリットスクワット（P116） 片足スクワット（P120）	片足SKB（P145）
前額面		ウィンドミル＊	ラテラルスクワット（P124） クロスオーバースクワット（P128）	
水平面		エアプレーン（P108）	ローテーショナルスクワット（P134）	片足回旋SKB（P146）

＊立ち姿勢から片腕を上げて骨盤を横方向に移動することで、左右の股関節が軽く屈曲しながら、それぞれ内転外転するエクササイズ。腕は常に垂直に保たれる

ヒンジは主に股関節を動かすパターン（例：RDL）、スクワットは足関節、ひざ関節そして股関節をほぼ均等に動かすパターン（例：スクワット）、SKBは主に足関節を動かすパターン（例：SKB）です。また、３つの運動面は以下の通り。

3つの運動面

●矢状面
（しじょうめん・Sagittal）

――体を左右均等になるよう縦に半分に切った平面。動きでいえば「前後」の動き。真横から見たら、その動きがわかりやすい。

●前額面
（ぜんがくめん・Frontal）

――体を前後均等になるよう縦に半分に切った平面。動きでいえば「左右」の動き。真正面から見たら、その動きがわかりやすい。

●水平面
（すいへいめん・Transverse）

――体を上下均等になるよう（腰で）横に半分に切った平面。動きでいえば「回旋」する動き。真上から見たら、その動きがわかりやすい。

それぞれのエクササイズに明確な役割があるわけではありませんが、RDLやスクワットなど矢状面のエクササイズ（左表の赤色）は、筋力向上のために便利な動きです。

前額面・水平面の動きが重視されているラテラル、クロスオーバー、ローテーショナルスクワットなどのエクササイズ（オレンジ色）は、バスケットボールで重要な横の動きや方向転換の基礎になる動きです。

その他のエクササイズ（黄色）は、補強エクササイズとして利用するとよいでしょう。

上半身のエクササイズの分類

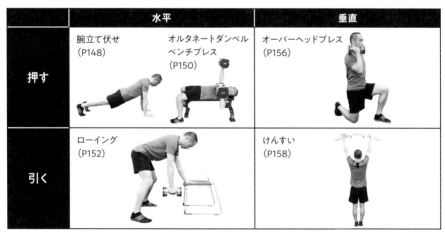

	水平	垂直
押す	腕立て伏せ（P148） オルタネートダンベルベンチプレス（P150）	オーバーヘッドプレス（P156）
引く	ローイング（P152）	けんすい（P158）

上半身のエクササイズは押す運動と引く運動に大きく分類されます。そしてそれぞれの動きを行う方向、立ち姿勢で腕の動きが水平か垂直か、つまり水平方向と垂直方向に分類します。

ヒンジ ①

RDL(ルーマニアンデッドリフト)

RDLは矢状面において股関節をメインに動かすエクササイズ。自然な立ち姿勢を維持して股関節を軸におじぎをする。ポイントはひざの位置。ひざは常に足首の真上、つまり脛骨（すね）を床に対して垂直にしたまま行う。上手にできない場合は椅子や棒を使って行う。

回数 **10**回

動きの分類

下半身		ヒンジ	スクワット	SKB
矢状面	両足			
	片足			
前額面				
水平面				

脛骨が床に対して垂直になっていないのはNG。お尻の位置にも注意が必要。おじぎをする感じを覚えよう

1 両手を腰に置いて、脊柱は自然な位置を維持して立つ

! 自然な姿勢を維持して股関節を軸におじぎする

2 脛骨が床に対して垂直の状態を保ったまま、ひざを軽く曲げ、おじぎをする。このとき脊柱は自然な立ち姿勢を維持する

! 坐骨同士を左右に離すイメージで

! あごが前に突き出さないようにする

! しゃがまずにお尻を真後ろにスライドする

! ひざを軽く曲げ脛骨を地面に対して垂直に維持する

! 重心は前足：かかとが6：4になるように立つ

ヒンジとは

ヒンジとは「ちょうつがい」のこと。ちょうつがいのように、股関節を支点に体を動かす動作を身につけよう。

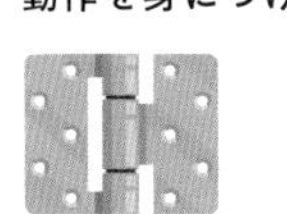

このエクササイズを参照

ブリッジ　P68

こんな動きにつながる!

スクワット　P110

ひざが前に出てしまう場合

ひざの裏を座面の端にくっつけ、そのままひざの裏が離れないようにする。脛骨が床に対して垂直になる感覚を身につける

Advice

前傾できなければ

RDLを含めヒンジのエクササイズで太ももの裏が張って前傾ができない場合には、ヒンジのエクササイズをする前に「仰向け片足上げ（P8）」をやってみよう。

腰が丸まってしまう場合

ポールを頭、背中、お尻の後ろにつけて、ポールが離れないようにしてRDLを行う

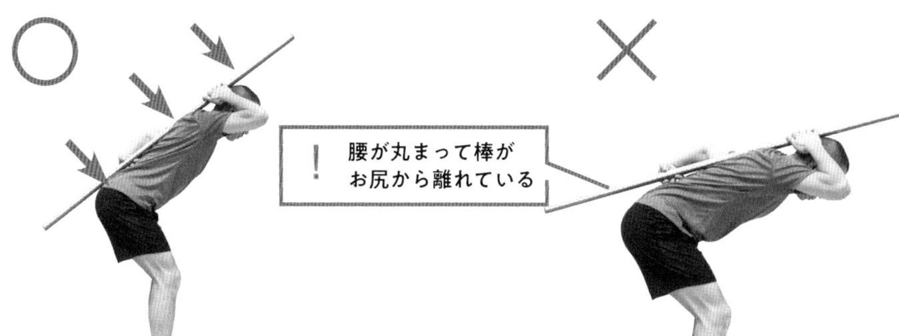

ヒンジ 1

RDL

Variation 難易度アップ

負荷を加える

目標：体重の2~2.5倍で1回

1 肩幅に足を開き自然な姿勢で立つ。ダンベルを太ももの前を滑らせるように下ろすことで常にダンベルを足の真上に維持する。バーベルなど他のおもりを使ってもOK

2 脊柱の姿勢を維持できる範囲で前傾する。立ち上がるときは両足で地面を踏みしめて、お尻が前にスライドするイメージで

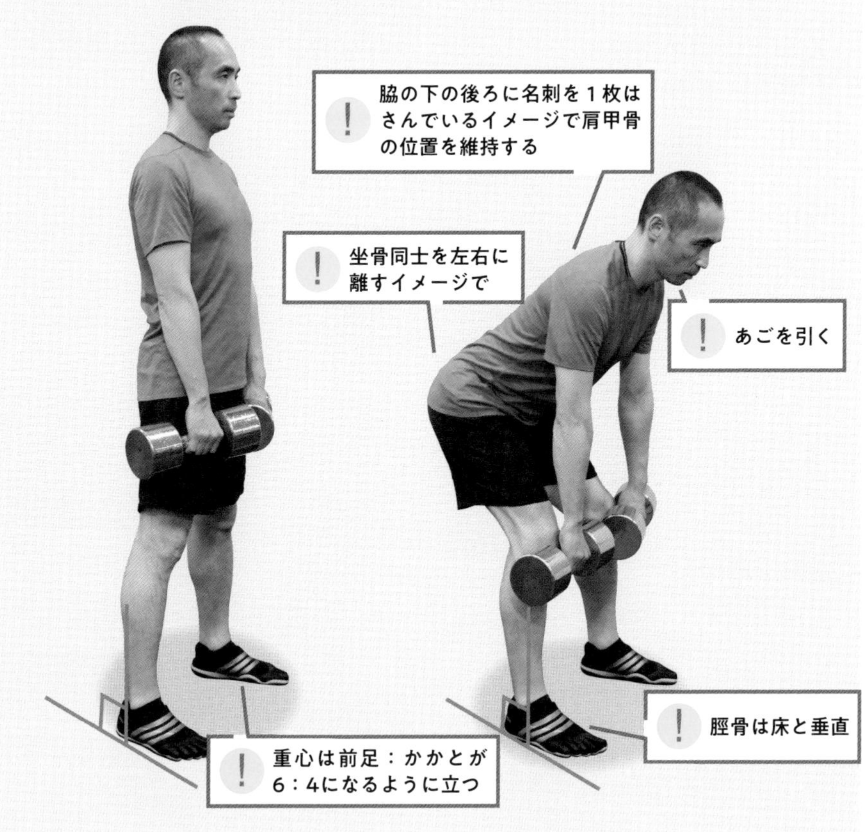
脇の下の後ろに名刺を１枚はさんでいるイメージで肩甲骨の位置を維持する
坐骨同士を左右に離すイメージで
あごを引く
脛骨は床と垂直
重心は前足：かかとが6：4になるように立つ

Advice

負荷の目標について

下半身の筋力、つまり脚力向上に適しているエクササイズであるRDL、片足RDL、スクワット、スプリットスクワット、そして片足スクワットは、自体重で質の高い動きをマスターしたら積極的におもりを持って負荷を加えよう。

それぞれのエクササイズの「Variation」の欄にこの程度はできたほうがよいという目標の負荷を体重比で示した。「体重の1.5倍で5回」は、体重の1.5倍の負荷を使って質の高い動きで5回できるのが目標ということ。つまり体重が50キロであれば、75キロのおもりを使って5回。

なお「体重の2倍で1回」というように目標が1回だけできる負荷の場合、経験の少ない人は高い負荷を使うケガのリスクを考慮し、5～10回程度できる負荷を下の式に当てはめて、1回できる負荷を計算する。例えば、50キロの負荷を5回できたとしたら1回できる負荷は56.25キロとなる。

「1回できる負荷」=「負荷」×「回数」÷40+「負荷」
例：50(kg)x5(回)÷40+50(kg)=56.25kg

「体重の2倍で1回」というような目標は一見達成がむずかしそうに思えるが、年単位の段階的なトレーニングを積めば、20歳くらいには達成可能である。また目標は体型や性別によって差がある。これができなくてはいけない、あるいはこれができたら十分という白黒はっきりしたモノがあるわけではない。目標として取り組もう。

佐藤トレーナーの視点

坐骨同士が離れていくイメージで

股関節を曲げる際、つまりRDLでおじぎの動きをするときやスクワットでしゃがむとき、坐骨同士が左右に離れていくイメージで行うことで、股関節の動きを円滑にする。また、立ち上がる際に意図的にお尻の筋肉を収縮させると、股関節の円滑な動きを妨げてしまう。立ち上がるときには、足の裏で地面を踏みしめる感覚を利用する。

Advice

足の感覚：3点支持と前後重心

立ち姿勢でのエクササイズでは、親指の付け根（母指球）と小指の付け根（小指球）、かかとの3点を常に床につけるようにする。そして、前足（親指と小指の付け根）と後足（かかと）のバランスは6：4で、前足側に少し重心を大きめに乗せて、体が動いてもこのバランスを維持するようにしよう。

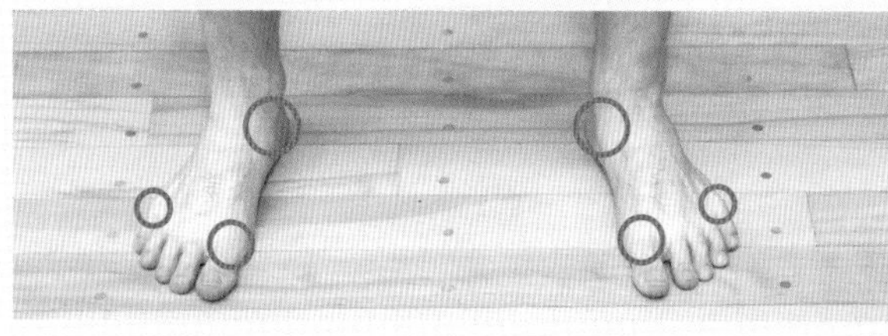

ヒンジ ②

片足RDL

RDLの動きを片足で行う。上半身を前傾するとき骨盤と肩のラインを床と平行に維持し、傾かないようにする。

動きの分類

下半身		ヒンジ	スクワット	SKB
矢状面	両足			
	片足	■		
前額面				
水平面				

回数 左右**10**回ずつ

1 自然な脊柱の位置を維持する

2 頭からかかとまでを一直線に長く引き伸ばして、お尻の高さを変えずに、上げる足を真後ろに伸ばすイメージで前傾する

お尻の高さを変えない
脛骨は床に対してできるだけ垂直にする

! 前足：かかとが6：4になるように立つ

×

背中が丸まっている

背中が反っている

こんなプレーにつながる!

ストップ　P26

このエクササイズを参照

ブリッジ　P68

肩と骨盤のラインが傾いている

体を開かない

肩と骨盤のラインを床と平行に維持する。体が開いてしまう場合、「仰向け片足上げ（P8）」や、「エアプレーン（P108）」の体を閉じる動きが役立つ。

Variation

椅子を使う　難易度ダウン

バランスをとるのがむずかしい人は椅子を使って行う。徐々に椅子をしっかりつかまなくてもできるようにしよう。

負荷を加える　難易度アップ

目標：体重の1.5~2倍で1回

ダンベルなどのおもりを持ち、自然な脊柱の位置を維持する

浮かせる足を真後ろに伸ばしていく

ダンベルが常に足の真上にあるようにする

ヒンジ 3

エアプレーン

片足RDLの姿勢から、上半身を開いたり、閉じたりするエアプレーン。とくに気をつけなければいけないのは立っているひざの動きで、体を開いていくときに、ひざも一緒に開いていきがちになる。ひざは正面を向いたままにして、上半身を開いていこう。片足RDLを向上させるのによいエクササイズでもある。

回数 左右**10**回ずつ

動きの分類

下半身		ヒンジ	スクワット	SKB
矢状面	両足			
	片足			
前額面				
水平面				

1 片足RDLの姿勢

2 立っている足の股関節を軸に、骨盤を動かして上半身を開き閉じる

! 肩ではなく骨盤を動かすことで上半身を開く

! 足裏の３点支持（P105）を維持する

! 硬い本の表紙、あるいはドアを開くように上半身を開き閉じる

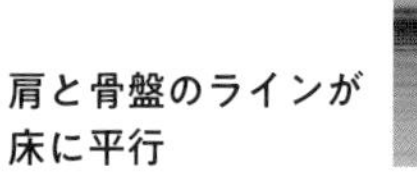

肩と骨盤のラインが床に平行

肩と骨盤のラインが平行のまま開く。ひざが正面を向いている

ひざが開いたり体が傾いたりする

体を開くとき、ひざも一緒に開いてしまうのはNG。また体が斜めに傾いてしまうのもNG。

ひざが開いている

体が斜めに傾く

Variation

椅子を使う　難易度ダウン

バランスをとるのがむずかしい人は椅子を使って行う。徐々に椅子をしっかりつかまなくてもできるようにしよう。

負荷を加える　難易度アップ

片手でダンベルを持ち、もう一方の手は腰に置く。腕をだらりとせずに脇の下に名刺を１枚はさんでいることをイメージする。腕や肩でおもりを持ち上げるのではなく、骨盤を開くことでおもりを持ち上げる。

スクワット 1

スクワット

動きの分類

下半身		ヒンジ	スクワット	SKB
矢状面	両足			
	片足			
前額面				
水平面				

スクワットは、股関節とひざ関節、足関節（足首）がバネのようにほぼ同じタイミングで曲がるイメージでしゃがんでいく。バスケットボールではパワーポジションの基本になる。

回数 **10**回

1

手を腰に置いて、自然な脊柱の位置を維持する

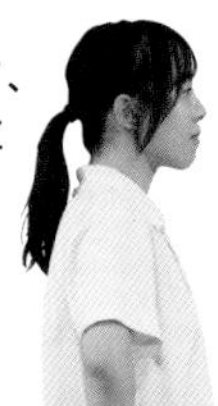

! 上半身は自然な立ち姿勢

! 重心は前足：かかとが6：4になるように立つ

2

太ももが床と平行、あるいは少なくともひざが90度まで曲がるまで重心を下ろす

! 坐骨同士を左右に離すイメージで

! 太ももが床と平行になるくらいが目標

! 上半身とふくらはぎがほぼ平行になる

× 腰に負担がかかる

それほど大きくない腰椎の丸まりや反りは、一見大きな問題には見えないが、自体重で行ったとしても何度も繰り返されたり、重い負荷がかかったりすると椎間板を含め腰に大きな負担がかかる。姿勢にこだわって質の高い動きを追求しよう。

背中が丸まっている

背中が反っている

このエクササイズを参照

●RDL　P102

こんなプレーにつながる!

●ボディアップ　P44

佐藤トレーナーの視点

スクワットの動きのタイミング

スクワットでは股関節、ひざ関節、足関節の3つの関節がタイミングよく曲がることで重心が下がり（しゃがむ）、伸びることで重心が上がる（立ち上がる）。ここでは理想的なタイミングと、よく見られるNGのタイミングを紹介する。

OKのタイミング

足関節（足首の関節）、ひざ関節、股関節の３つを均等なタイミングで動かす

!

指導するときには、ひざと股関節が曲がるタイミングを見極める

しゃがむとき

股関節

ひざ

足首

スクワット

NGのタイミング しゃがむとき

RDLのように股関節が曲がるのが先行して、ひざが曲がるのが遅れている

SKBのようにひざが曲がるのが先行して、股関節が曲がるのが遅れている

NGのタイミング 立ち上がるとき

ひざが伸びる動きが先行して、ひざが後ろに下がっているのに対して股関節が伸びていない

Advice

理想的な足の開き

スクワットやパワーポジションについて、「理想的な足の開きの角度」や「足幅」を質問されることがある。「これがいいですよ」と正解を伝えたいところだが、骨格や筋力、柔軟性は十人十色なのでそうはいかない。選手が自分にとってもっとも動きやすく、力の入りやすい角度や幅を見つけることが必要だ。足の開きは「ヤンキー座り」をしてみて一番楽な開きを基準にして、そこから調節してみよう。「ヤンキー座り」ができない場合は、かかとを高くしてみよう。

スクワット

Variation

負荷を加える ◀ 難易度アップ

ゴブレットスクワット

目標：体重の0.5倍×10回

初心者にとってやりやすいスクワット。ゴブレットとは足付きの酒杯のこと。胸の前でおもりを酒杯のように持って行う。

太ももが床と平行になるまで曲げる

トラップバーデットリフト

目標：体重の2倍で1回

トラップバー（ヘックスバー）と呼ばれる六角形のバーを使うことで、バーベルを使うバックスクワットやフロントスクワットよりも簡便に筋力強化ができる。

MYTH BUSTER（ミス・バスター）：迷信をぶち壊せ！

スクワットするときにひざをつま先よりも前に出すべきではない？

スクワットでは「ひざがつま先より前に出るのはよくない」といわれるが、それは必ずしも正しいわけではない。スクワットをするとひざが痛くなることが多いので、「ひざへの負担を減らすためにはどうすればよいか？」という疑問へ対する答えとしての「ひざがつま先の前に出ないようお尻を後ろに突き出してスクワットをすると、太もも前の筋肉への負担が減り、ひざへの負担も減る」という情報から始まったものだからだ。

いつの間にかこの言葉が「スクワットではひざに負担がかかるので、ひざをつま先より前に出してはいけない」という指導に変わったようだ。確かにひざへの負担が減ったのはよいが、実はひざへの負担がお尻や腰に移動しただけなので、すべてが丸く収まったわけではない。

お尻への負担が増えるとお尻の筋肉をより効果的に鍛えられるのでよいが、腰への負担が増えることは問題である。スクワットは主に下半身を鍛えるのが目的のエクササイズ。腰への負担が増えると下半身の筋肉を効果的に鍛えることができなくなる。また、ひざへの負担が減るということはよいことにも聞こえるが、同時に太もも前の筋肉への負担も減るため、太もも前の筋肉はもちろん、腱や軟骨などの他の組織が十分に鍛えられなくなってしまうことでもある。これでは体がバランスよく鍛えられなくなってしまう。

また、ひざがつま先の前に出ないスクワットでは、日常生活やスポーツでの動きへの準備を十分にできないという問題もある。たとえば、ひざをつま先の前に出すことなく階段の登り下り（登るときに下の足を使って勢いをつけてはいけない）をできるだろうか？できないでしょう。次に２つのジャンプを比べてみる。一つ目はひざをつま先の前に出さずにしゃがんでジャンプ。二つ目はひざがつま先の前に出ることを気にせずに、股関節、ひざ関節、足関節をバランスよく曲げてからジャンプ。どちらのほうが上手にジャンプできるだろうか。二つ目のほうが自然にジャンプできるはずだ。

股関節、ひざ関節、足関節をバランスよく曲げ伸ばしして質の高い動きでスクワットをすることで、下半身をバランスよく鍛えることができるのである。

では、なぜひざが痛くなるのか？それは、質の低い動きでのスクワットをしたり、成長の段階や能力に合わせて段階的に負荷を調節せずにいきなり重いおもりを使ったり、たくさんトレーニングをしたりするのが原因で、スクワットそのものが悪いわけではないのだ。質の高い動きと能力に配慮したスクワットで体を鍛えよう。

スクワット ②

スプリットスクワット

動きの分類

下半身		ヒンジ	スクワット	SKB
矢状面	両足			
	片足			
前額面				
水平面				

スプリットスクワットのポイントは前足だ。後ろ足で支えすぎないように前足でしっかり床を押して立ち上がる。あとで紹介する片足スクワットができない場合、スプリットスクワットで筋力を上げることで、その準備ができる。

回数 左右**10**回ずつ

1 しゃがんだときに後ろひざが前足の少し後ろにつく程度に両足を前後に開く
2 自然な立ち姿勢を維持してしゃがみ、主に前足で地面を踏み込んで立ち上がる
! 足指の付け根を床に維持する
! 後ろ足のかかとは常に上げておく

正面から

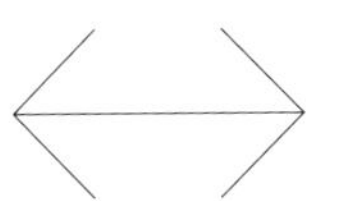

正面から

こんなプレーにつながる！

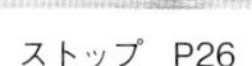

ストップ　P26

ドライブ（加速）　P38

エクスチェンジ　P42

このエクササイズを参照

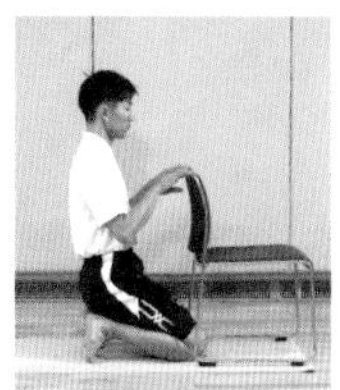

トーシット　P90

Variation

負荷を加える

難易度アップ

目標：体重の1倍で10回

両手にダンベルを持って、両足を前後に開く

自然な立ち姿勢を維持してしゃがむ

スクワット 3

長身者のための工夫

長身者は一般的に太腿骨（太ももの骨）が長いので、スクワットをするときに重心がかかとのほうにかかりがち。バランスをとるために体の前でおもりを持つ「ゴブレットスクワット（フロントスクワットの一種）」が役立つ。またかかとを少し高くすることで、前後のバランスをとることもできる。

回数 スクワット**10**回、スプリットスクワット 左右**10**回ずつ

スクワット

1
胸の前でおもりを持って、自然の脊柱の位置を維持する
! 長身者は太ももが長いことが多い
! 重心は前足：かかとが6：4になるように立つ
2
重心を下ろす
! ダンベルなどのトレーニング器具がない場合、バックパックに本などの重いものを詰めて代わりにできる。工夫してトレーニングしよう
! 体の前に持ったおもりが前後のバランスをとるのに役立つ

Variation

かかとを高くする

大腿骨の長い長身者に限らず、足首や股関節が硬い選手はスクワットが不得手のことが多い。その場合はかかとの下に何かを入れて、かかとを5センチほど高くすると、スクワットがしやすくなる。また、おもりを持つ位置を変えることで、やりやすくなることがある。その位置を見つけよう。

ゴブレットスクワット

相撲スクワット

スプリットスクワット

1 胸の前におもりを持って、足を前後に開く

2 自然な立ち姿勢を維持し、前足のかかとの少し後ろに、後ろ足のひざを置く

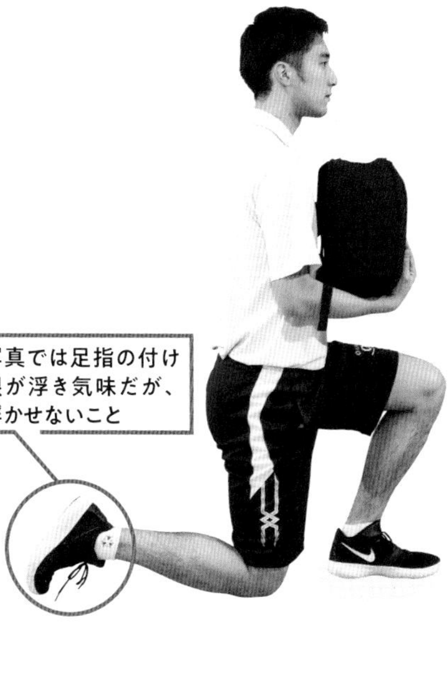

！ 写真では足指の付け根が浮き気味だが、浮かせないこと

スクワット 4

片足スクワット

片足スクワットは、比較的難易度の高いエクササイズだが、効率的に下半身の筋肉を鍛えられる。また筋力とともに、バランスもトレーニングされる。バスケットでは片足立ちになっているときに起こるケガが多いので、その予防にも適している。

回数 左右**10**回ずつ

動きの分類

下半身		ヒンジ	スクワット	SKB
矢状面	両足			
	片足			
前額面				
水平面				

1 片足で立って、自然な立ち姿勢を維持する

2 骨盤を床に対して平行に保ち、スクワットの要領で、バネを縮めるようにお尻を落とす

正面から

! 3点支持（P105）を維持する

正面から

! 少なくとも90度まで曲げる

こんなプレーにつながる!

●ストップ　P26　●インサイドピボット　P28　●パンチストップ　P34　●スライドステップ　P40

佐藤トレーナーの視点

片足スクワットと他の片足で行うエクササイズの効率性

片足スクワットや片足 RDL、また片足重視で行うスプリットスクワットは、以下の理由から、両足で行うエクササイズに比べて効率的に下肢の筋力を向上できる。

脊柱への負担が軽い●体重を計算に入れないとして片足に 50キロの負荷をかけたいとき、両足スクワットの場合 100キロ（片足 50キロずつ）のおもりを担ぐ、あるいは持つ必要があるので、腰を含めた脊柱に 100キロの負担がかかる。一方で片足スクワットでは 50キロのおもりで十分なので、脊柱にかかる負担は半分の 50キロとなり脊柱への負担が軽くなる。

最小限の用具でできる●半分のおもりで十分であるということは、必要な用具が少なくなるということ。

筋出力が発揮されやすい●両足や両腕を使って左右同時に発揮した筋力の合計の値が、片足や片腕で片側ずつ発揮した筋力の合計よりも低い、両側性機能低下という現象がある。つまり、片側ずつトレーニングしたほうが両足一緒にトレーニングするよりも、より効率的であると考えられる。

スポーツでは片足の局面が多い●走る、方向転換するなどバスケットボールはもちろんスポーツにおける動きは片足で行われる。バランス感覚をより要求される片足のエクササイズはスポーツのために、より適しているといえる。

左右差を改善できる●左右差はケガのリスク要因のひとつであるとされている。片足ずつトレーニングすることで、左右の筋力差がより明らかになり改善しやすくなる。

片足で行うエクササイズがより効率的であることを解説したが、両足で行うエクササイズが不必要なわけではない。いろいろなエクササイズを組み合わせて体を鍛えよう。

背中が丸まっている

上体が外に倒れている

ひざが内側に入り骨盤が傾いている

ひざが内側に入らないようにすると、重心が外側に移動することが多く（右）、3点支持が崩れるので注意する。3点支持を保ちつつひざの動きをコントロールしよう

スクワット 4

片足スクワット

Variation 難易度アップ

負荷を加える

目標：体重の0.5倍で5回

胸の前にダンベルを
かかえ、自然の脊柱
の位置を維持する
背すじを伸ばして、
お尻を落とす

佐藤トレーナーの視点

片足スクワットが22回できる

オーストラリア・メルボルンの団体がまとめた前十字靱帯再建手術後のリハビリテーションガイドラインによると、手術後、スポーツに復帰する過程において、片足のスクワットを22回できるべきであるとされている。これは、復帰のための条件ではなく、過程においてクリアすべき回数のこと。したがって、ケガをしていない人だったら簡単に22回できるべきだと思うが、できない選手が多いのが現状である。高い競技レベルでは、さらなる筋力が必要であることはいうまでもない。スキル向上のためにはもちろん、ケガの予防の観点からも、片足スクワットで脚力をつけよう。

Variation 難易度ダウン

椅子を使う

片足スクワットはむずかしいエクササイズのひとつ。深くしゃがめなかったり、深くしゃがむと姿勢が崩れたりするときは、椅子の上にクッションのようなものを置いて高さを調節し、徐々に深くしゃがめるようにする。ドスンとお尻が椅子に落ちないようにゆっくりとしゃがもう。

立ち上がる動きから筋力をつける

まずは片足で立ち上がる部分だけ繰り返して筋力をつける方法もある。姿勢を正してひざがつま先の真上くらいになるように浅く椅子に座る。その姿勢から姿勢を維持しておじぎをすると足の裏に重心が移り、地面を踏みしめている感じがする。そのまま地面を踏み込んで立ち上がる。座るときには両足で座る。

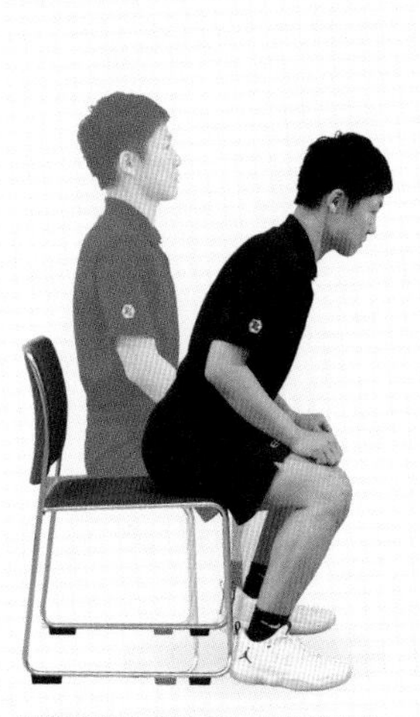

姿勢を保ち股関節から前傾すると、足裏に重心が移動する

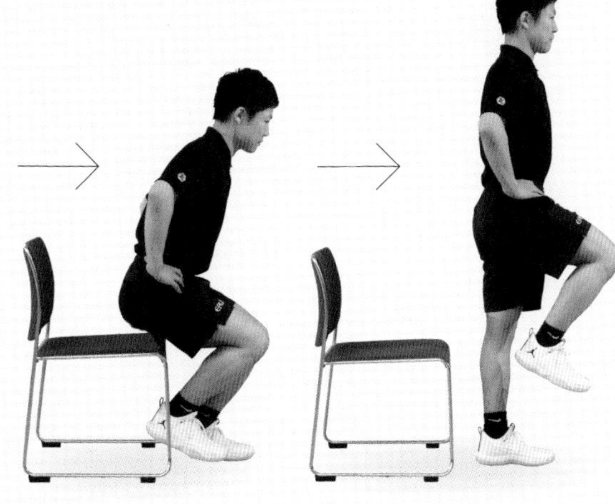

重心移動を利用して地面を踏みしめて立ち上がる

スクワット 5

ラテラルスクワット

バスケットボールで重要な横の動きの基本となるラテラルスクワット。ポイントはスクワットをする足とおへそを結んだ線と床の間にできる角度である「プッシュオフアングル」。プッシュオフアングルには個人差はあるが40～50度くらいがよいとされている。

回数 左右**10**回ずつ

動きの分類

下半身		ヒンジ	スクワット	SKB
矢状面	両足			
	片足			
前額面				
水平面				

1

プッシュオフアングルを確保するために両足を開いて立つ

! つま先は開きすぎないようにする

! 40～50度くらいがよい

Advice

「バスケと物理の関係」

足を通じて、地面から受ける力は横（X）と縦（Y）に分けることができる。横への力が大きければ大きいほど、横に進む力を獲得できる。ただし、そのとき縦への力が減りすぎると摩擦の関係で滑りやすくなる。自分に合った足幅を見つけよう。

こんなプレーにつながる！

インサイドピボット
P28

プルバック
P32

ピボット／
ジャブステップ　P36

スライドステップ
P40

ボディアップ
P44

ボックスアウト
P48

2 プッシュオフアングルを維持してスクワット動作で重心を下げ、床を横に押して立ち上がる

！ 肩と骨盤のラインを床と平行に、脊柱を地面に垂直に保つ

！ 床を押して立ち上がる

！ プッシュオフアングル

×

足幅が十分開いていないと重心（おへそ）とスクワットする足の幅が狭く、プッシュオフアングルが確保できないので、横に進む力が生まれにくい

横から見ると他のスクワット同様、股関節、ひざ関節、足関節が曲がり下半身がバネのように縮んでいる

背中が丸まっている

スクワット 5

ラテラルスクワット

Variation 難易度アップ

パートナーと試してみよう

ラテラルスクワットの姿勢になり、パートナーに横から肩をしっかりと押してもらう。プッシュオフアングルが十分に確保できなかったり、背中が丸まったりして姿勢が崩れていると、パートナーに対抗できない。足幅や姿勢を調節してみよう。

横の動きで軸をぶらさないためのエクササイズ

横に床を押す感覚や横に動くときの姿勢を安定させるのに役立つエクササイズ。

×
骨盤が斜めになっていると、体幹に力が入らない

横向きで壁に腕をつけて立ち、壁を押す

壁側の足を浮かせ反対の足で床を押す力で壁を押す

バンドを使って① バックパックを肩にかけるようバンドを肩に通してラテラルスクワットを行う。立ち上がるために下半身の筋力だけではなく、上半身が左右に倒れないように体幹の筋力も必要になる。

バンドを使って② バンドを手に持つことで、下半身や体幹の筋力だけでなく肩や腕の筋力も必要になる。

佐藤トレーナーの視点

バンドを使うと

ラテラル、クロスオーバー（P128）、ローテーショナルスクワット（P134）ではバンドを使って横（前額面）や回旋（水平面）の動きに負荷をかけられる。横に床を押す感覚を養おう。

スクワット 6

クロスオーバースクワット

ラテラルスクワット（P124）とともに、「横の動き」の基本となるエクササイズ。とくにインサイドピボットの基礎となる。股関節が内転している状態でお尻を動かす。前後の足幅と、左右の足幅を上手につくって、肩と骨盤を正面に向けて行う。

回数 左右**10**回ずつ

動きの分類

下半身		ヒンジ	スクワット	SKB
矢状面	両足			
	片足			
前額面				
水平面				

こんなプレーにつながる！

インサイドピボット
P28

プルバック
P32

佐藤トレーナーの視点

足幅をチェック

自分に合った前後左右の足幅を見つけよう。左右の足は広げれば広げるほど、プッシュオフアングルが確保できる。しかし広げすぎると、骨盤がねじれやすく、正面を維持できない。また前後を広げすぎると、前足に力が乗りにくくなる。

Variation

強化エクササイズ　横の動きのクロスオーバーステップに移行するためのエクササイズ。

骨盤を真横に移動する
逆の足に重心が移動されると、この足で支えなくてもよくなる
足裏3点を床に維持する

×

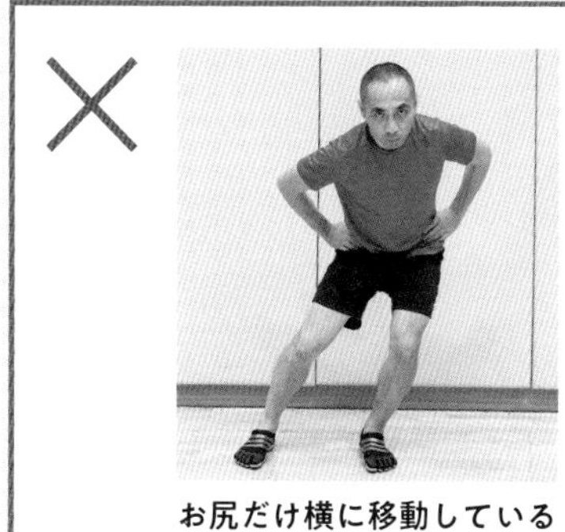

お尻だけ横に移動している

肩だけ横に移動している

ドロップスクワット

動きの分類

下半身		ヒンジ	スクワット	SKB
矢状面	両足			
	片足			
前額面				
水平面				

ドロップスクワット（Drop Squat）は立ち姿勢から素早くスクワットの状態になるエクササイズ。イメージとしては立ち姿勢から脱力して一気に重心を落として（drop=落とす）スクワットの姿勢で着地する。このエクササイズは、着地とジャンプ前の準備の練習になる。

回数 **3**~**5**回、片足ドロップスクワットは左右**3**~**5**回ずつ

両足ドロップスクワット

1 立ち姿勢で両手を上げる
2 脱力する
3 スクワットの姿勢になる
! 足裏全体で着地する
横から
横から
横から

こんなプレーにつながる！

ストップ P26　パンチストップ P34

佐藤トレーナーの視点

脱力からの安定

エリートアスリートは力の入れ方だけでなく、力の抜き方も上手だといわれている。一度完全に脱力して、着地の瞬間に体を安定させられるようにしよう。とくに片足で安定して着地できる能力は重要。グラグラせずに、ピタッと止まれるようにしよう。最初は高い姿勢でも、徐々に低い姿勢で体を止められるようにする。

片足ドロップスクワット

1 立ち姿勢で両手を上げる

2 脱力する

3 片足スクワット姿勢になる

！ 足裏全体で着地する

横から

横から

横から

スクワット 8

足の入れかえ運動

動きの分類

下半身		ヒンジ	スクワット	SKB
矢状面	両足			
	片足			
前額面				
水平面				

ジャンプをせずに、前後の足を素早く入れかえるエクササイズ。理想としては、足を入れかえても頭や骨盤の高さは変わらない。

回数 **3~5**回

頭や骨盤の高さをできるだけ変えずに、前後の足を素早くその場で入れかえる。ジャンプを入れないようにする

こんなプレーにつながる！

エクスチェンジ　P42

佐藤トレーナーの視点

上下運動を減らす

上下運動を減らすことで、スムーズな動きができるようになる。素早い足の入れかえを１回だけでなく、２回、３回と連続して行おう。また繰り返すときに足幅が狭くならないようにしよう。この動きからダッシュに移行するトレーニングをウォーミングアップに取り入れてもよい。

！ 足が入れかわったときの足幅が狭くならないようにする

スクワット 9

ローテーショナルスクワット

スクワットの上下運動に、股関節の回旋運動を加えることで、重心の位置を変えることなく、股関節の回旋で生まれた力を、多方向へ進む力に変えるエクササイズ。常に両肩を結ぶ線と骨盤が同じ方向に向くようにする。骨盤の動きを意識して軸足で体の上下運動をコントロールする。

回数 左右**5**回ずつ

動きの分類

下半身		ヒンジ	スクワット	SKB
矢状面	両足			
	片足			
前額面				
水平面				

4 軸足で床を押すことで骨盤が開き、上半身は勝手についてくる
ドアのように開くイメージ
5 右の股関節は内旋、左の股関節は外旋していく
骨盤はほとんど左右に移動しない
6 後ろ足でしっかり床を押して立ち上がる
後ろ足で床を押して立ち上がる

こんなプレーにつながる!

●ピボット/ジャブステップ　P36

Variation　難易度アップ

バンドを使って

バンドを使って回旋（ねじれの動き）に負荷をかけることで、軸足で床を押して動く感覚を養うことができる（P143バンドの巻き方参照）。

1 骨盤と肩のラインを平行に保ち、上半身を軸足側にねじるようにしゃがむ

2 軸足で床を押して立ち上がる

3 本の硬い表紙、あるいはドアを開けるように体が開いていく

! ひざと足は同じ方向を向き、内側に巻き込まれていかないようにする

! 骨盤はほとんど左右に移動しない

! 床を押す

! 上半身が本の表紙のように開いていく

! ひざと足は常に同じ方向を向く

ワインオープナーの取っ手のイメージで骨盤を落とす

ラテラルスクワット➡スライドステップ

バンドの負荷に対してスライドステップで横移動をする。ポイントは進行方向の反対の足（軸足）で地面を押すこと。バンドを使うことで、横方向に押す感覚をつかみ、オーバーストライドや上半身が横に倒れることを矯正できる。

距離 サイドラインからサイドラインまで、左右で行う

こんなプレーにつながる!

●スライドステップ　P40

1 バンドを肩にかけて、少し広めのパワーポジションの姿勢をとる

2 軸足（進行方向と反対側の足）で地面を押してスライドステップする

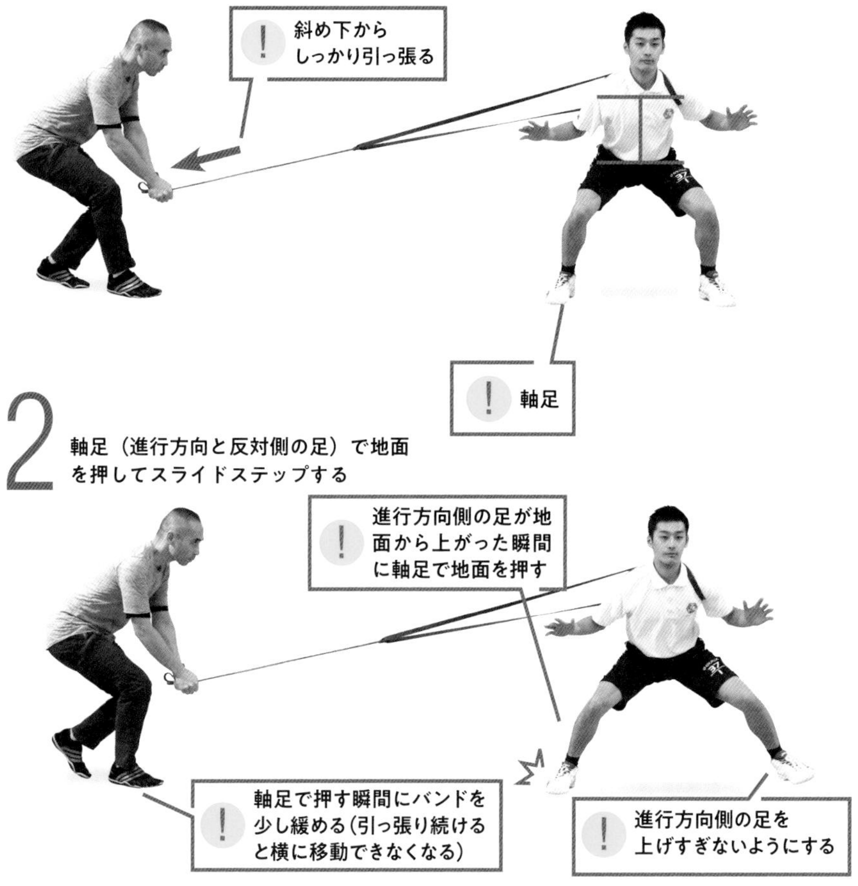

! 斜め下から
しっかり引っ張る
! 軸足
! 進行方向側の足が地
面から上がった瞬間
に軸足で地面を押す
! 軸足で押す瞬間にバンドを
少し緩める(引っ張り続ける
と横に移動できなくなる)
! 進行方向側の足を
上げすぎないようにする

Advice

オーバーストライドに注意しよう！

横の動きの基本であるスライドステップ。スライドステップにおいて重要なのは進行方向とは逆の足で床を押すこと。横に進むために進行方向の足を過度に投げ出す動きは「オーバーストライド」になり、結果として上半身が進行方向とは逆の方向に倒れてしまい、横の動きを非効率的にしてしまう（写真）。よく「スライドステップは進行方向の足から出す」といわれていたが、その動きだとオーバーストライドになりやすいので注意しよう。

3 姿勢が維持された状態で横移動する

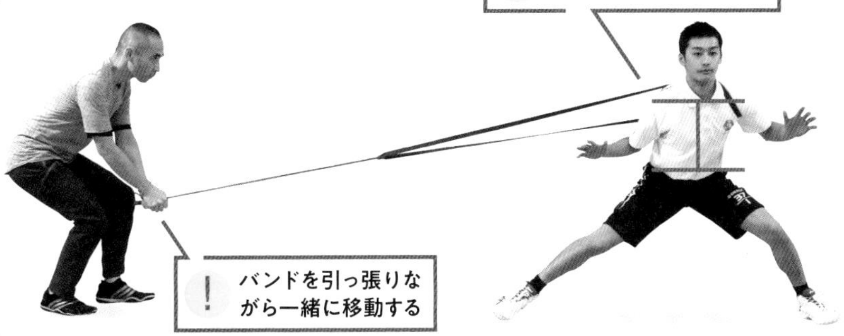

! 脊柱が垂直になっている

! バンドを引っ張りながら一緒に移動する

4 元の姿勢に戻る

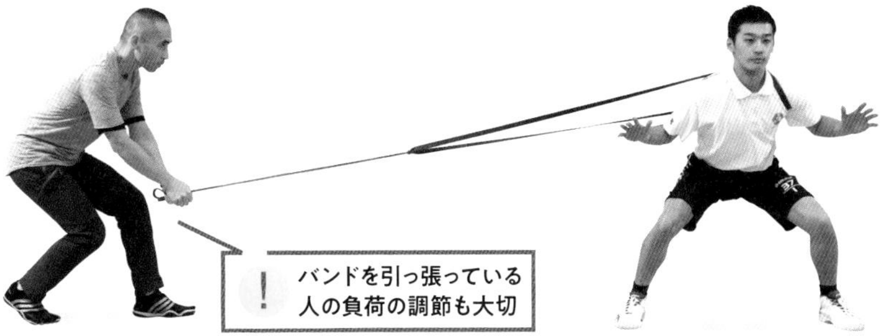

! バンドを引っ張っている人の負荷の調節も大切

Variation

慣れたら2歩連続で行う

最初はバンドを使ったスライドステップを一歩一歩区切ってゆっくり行い、軸足の力で横に進むパターンを習得する。上手にできるようになったら、動きのスピードを上げて素早く2歩連続で行うなど実戦的な力強い動きにしていこう。

スクワット 11

クロスオーバーステップ

スライドステップと並んで横の動きの基本であるクロスオーバーステップ。ポイントは進行方向の足（前足）で地面を押すこと。バンドを使うことで進行方向の足に重心を乗せやすくなる。その足で床を蹴って横に進む。

距離 サイドラインからサイドラインまで、左右で行う

佐藤トレーナーの視点

蹴る前の足のひざの向き

クロスオーバーステップで地面を蹴る前に、足とひざを進行方向に向けるために足をねじる動作は必要ない。この動作を行うと、①足とひざを向ける→②蹴る、という2つの段階になり時間がかかってしまうからだ。パワーポジションから骨盤を横に移動し、進行方向の足に重心を移動して、そのまま一気に横に地面を蹴ろう。足は自然に動く。

バンドを使う

バンドを使って前足で横に床を蹴る感覚をつかみ、動きを強化する。上下運動を最小限にするために真横にジャンプするイメージで床を蹴る。負荷へ対する蹴り出し（写真左上から右下の流れ）と、バンドの張力で戻ってくるときの減速（逆戻り）をそれぞれ練習する。

前足に
重心を乗せる
前足で
床を蹴って、加速する
クロスした足で減速する

こんなプレーにつながる!

●インサイドピボット　P28

クロスオーバーステップ

クロスオーバーした足でしっかりと減速して、パワーポジションに戻る。

前足で蹴る
この足で減速
蹴り出しと同時にバンドを少し緩める

スクワット 12

ピボット強化のための複合エクササイズ

ドリブルピボットの動きをよりよくするためのエクササイズ。開く足（写真の左足）はラテラルスクワット（P124）と同じ動きになる。つまり足を開いていって、その足が床についたら、その足で床を押して戻ってくる。肩と骨盤は一緒に開くようにしよう。

回数 左右**5**回ずつ

複合エクササイズで鋭いピボットのための足使いを習得できる。バンドの負荷に対してラテラルスクワットのように床を横に蹴りピボットする

選手が足を開くのに合わせてバンドを引っ張る
ドリブル
パートナーは選手の右後ろにいる
床を押す
パンチストップの要領でドリブルを強く突き力強く踏み込む

こんなプレーにつながる!

ピボット/ジャブステップ　P36

ピボット/ジャブステップ　P36

このドリルにまつわるストーリー

若手選手のプレー改善

ある若手選手がドリブルピボットの動きをしたとき、右手は上手にできたのだが、左手ではあまり上手にできなかった。そこでスキルコーチが私（佐藤晃一）に「何かよい方法がないか？」と質問を持ちかけてきたときに示したドリル。上手にできない動きに対して、バンドを使って負荷をかけることで改善を促す。その若手選手はその後、すぐに改善し、現在は海外でプレーしている。

体が開くとバンドが緩むので
引っ張ることで張力を維持する
体が閉じるとバンドが張るので
緩めることで張力を維持する

Advice

バンドを使って横向きの「重力」をつくり出す

スクワットや垂直方向へのジャンプの際に床を蹴る感覚は「重力」があるので感覚をつかみやすい。しかし横方向には「重力」がないので、ラテラルスクワットやスライドステップ、クロスオーバーステップのような前額面での動き、そしてローテーショナルスクワットやピボットのような水平面での動きでは横に押す感覚が得られにくい。そこでバンドを使って横方向に負荷をかけることによって、横向きの重力をつくり、地面を蹴る感覚を得やすくする。

スクワット⑫

ピボット強化のための複合エクササイズ

Variation

パートナーの位置を変える

P140のエクササイズでは、バンドの張力によって体を開いた姿勢から地面を押して元の姿勢に「戻る」動きに対して負荷がかかる。バンドを引っ張る方向を変えることで、体を「開く」ために床を押す動作に負荷をかけることができる。

パートナーは選手の左後ろにいる
パンチストップの要領でドリブルを強く突き力強く踏み込む
床を押す

Advice

パートナーのバンドさばきも大切

バンドは長さによって負荷が変わるので、バンドを持っている人はエクササイズをやっている人の動きに合わせてバンドを余分に引っ張ったり、緩めたりして負荷が一定になるように調節しよう。また、わざと強く引っ張ることで床を押す感覚を意識させることもできる。逆に引っ張りすぎるといくら力強く床を蹴っても動けなくなってしまう。よりよいエクササイズのためにはバンドさばきも重要だ。

バンドの巻き方

複合エクササイズやローテーショナルスクワットに
負荷をかける（P135のVariation）ときのバンドの巻き方を紹介する。

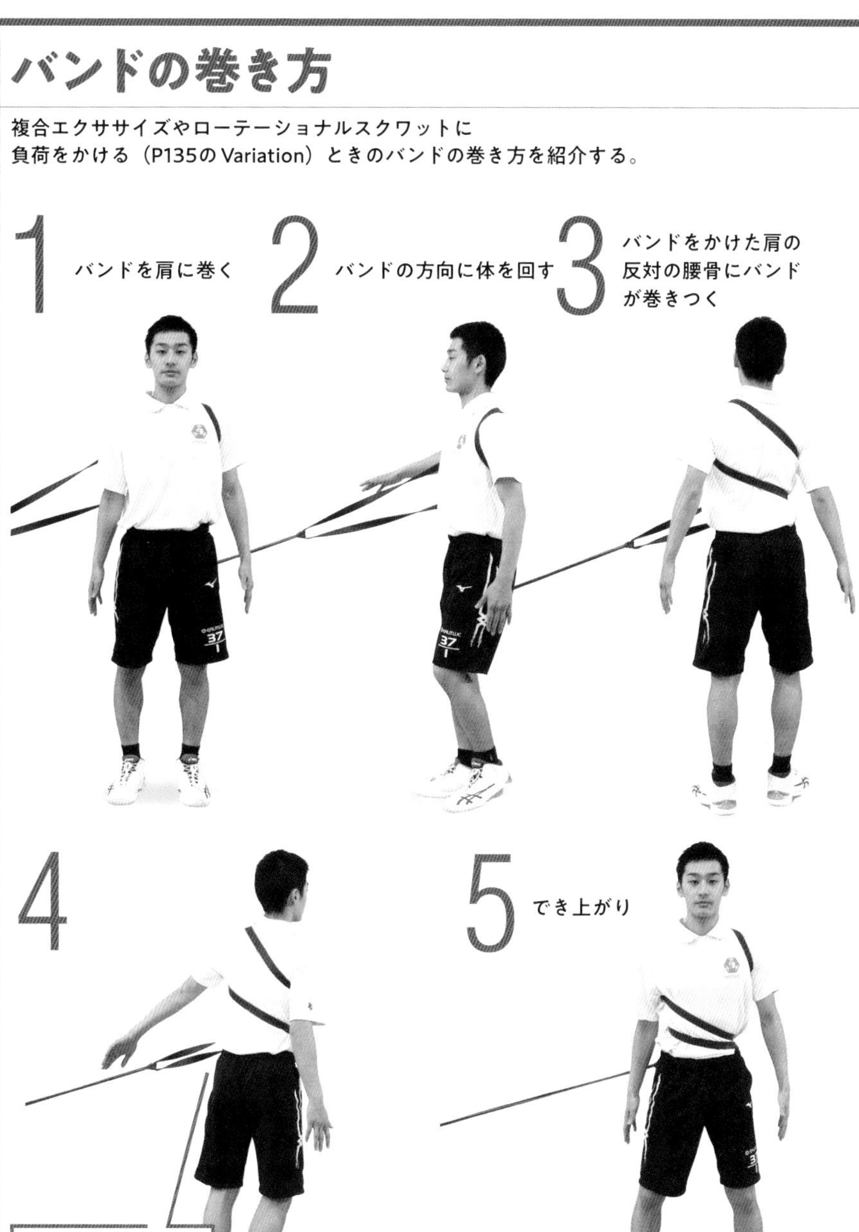

1 バンドを肩に巻く
2 バンドの方向に体を回す
3 バンドをかけた肩の反対の腰骨にバンドが巻きつく
4
5 でき上がり
! 腰骨の部分に巻きついている

SKB 1

SKB

SKB（Small Knee Bent）は、一見すると、ひざがつま先より前に出た「悪いスクワット」のように見えるが、「動きのパターン」として、できなければいけないひとつだ。上半身をまっすぐにした立ち姿勢を維持して、ひざを前に出す。

回数 10回

動きの分類

下半身		ヒンジ	スクワット	SKB
矢状面	両足			
	片足			
前額面				
水平面				

1 自然な姿勢で立ち、ひざを前にスライドさせる

2 ひざがつま先の少し前に出るくらいまで腰を落とす

！ 上半身は垂直に保たれている

×

上半身が前に倒れてしまう、股関節で曲がらずに腰が丸まってしまうのはNG。

上半身が前に倒れている

腰椎で曲がっている

SKB ②

片足SKB

SKBを片足で行う。

回数 左右**10**回ずつ

動きの分類

下半身		ヒンジ	スクワット	SKB
矢状面	両足			
	片足			■
前額面				
水平面				

1 片足で自然な姿勢で立ち、ひざを前にスライドさせる

2 ひざがつま先の少し前に出るくらいまで腰を落とす

× 上半身が前後左右に倒れるのはNG。上半身をまっすぐ立てた自然な姿勢を維持する。

股関節で曲がらず、上半身が後ろに倒れている

上半身が左右に倒れている

SKB ③

片足回旋SKB

片足のSKBから軸足のひざを正面に向けたまま、骨盤を開いて、戻る動きを行う。骨盤はあくまでも地面に対して水平のままにして行う。

回数 左右**10**回ずつ

動きの分類

下半身		ヒンジ	スクワット	SKB
矢状面	両足			
	片足			
前額面				
水平面				

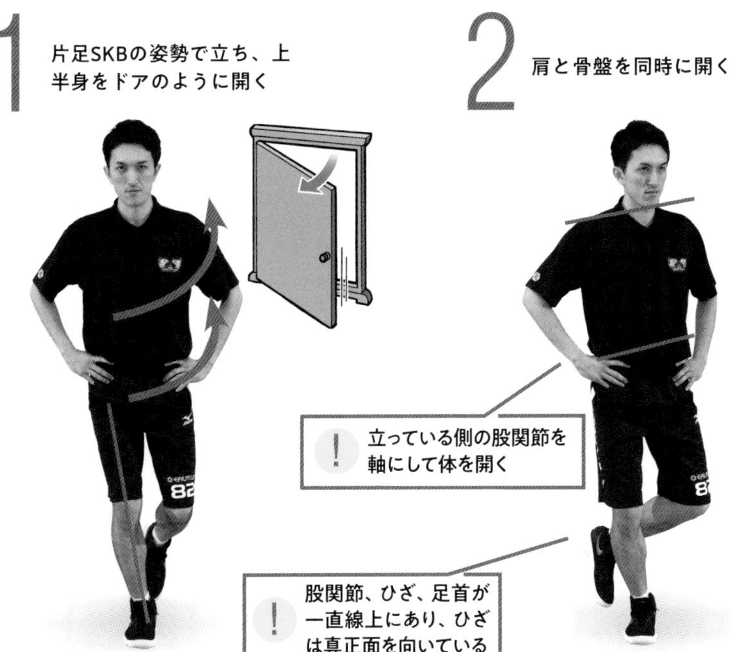

1 片足SKBの姿勢で立ち、上半身をドアのように開く

2 肩と骨盤を同時に開く

! 立っている側の股関節を軸にして体を開く

! 股関節、ひざ、足首が一直線上にあり、ひざは真正面を向いている

骨盤の動きと一緒にひざが内側に巻き込まれている

SKBにまつわるストーリー❶

SKBはひざが前に出る よくないスクワット?

SKBとは一見するとひざが前に出るスクワットなので、よくないエクササイズと思われるかもしれない。しかしSKBは、走るときの「ミッドスタンス」や階段の上り下りの姿勢、バスケットではリバウンドを取って、着地をしたときのよい姿勢と重なる。これらは必ずしも股関節がしっかり曲がった、いわゆる「スクワット」の姿勢ではない。つまり「スクワット」の姿勢以外でも着地することがあるので、SKBの姿勢でも体を動かせる能力を習得しておきたい。

SKBにまつわるストーリー❷

スクワット、SKB 両方の姿勢をとれるといい

バスケット日本代表クラスの選手でもSKBができない選手はいる。SKBをやっているつもりが、スクワットのように上半身が前傾してしまい、やっている動きとやっていると思っている動きに差が出ていた。当然のようにジャンプからの着地もスクワットの姿勢になってしまう。だからといってその選手がダメな選手というわけではなく、日本を代表する素晴らしいバスケット選手である。そう聞くと、できなくてもいいのでは、と思うかもしれないが、スクワットの姿勢だけではなく、スクワット、SKB両方の姿勢で着地ができるほうがより動きのバリエーションを持っている選手であることになる。ちなみに、SKBができなかったその選手も、繰り返し練習したところ、最終的にはSKB がうまくできるようになっている。

上半身・水平・押す ①

腕立て伏せ

動きの分類

上半身	水平方向	垂直方向
押す	■	
引く		

腕立て伏せは、上半身の水平に押す動きであると同時に、プランクと同じ体幹のエクササイズでもある。姿勢を崩すことなく押す動きをできるようにしよう。

回数 **10**回

1 両手を肩幅より少し広めに開き、体は自然な立ち姿勢で、開いた両手で床を捉える

2 姿勢を維持して体を床に引っ張るつもりで胸を床に下ろし、両手全体で床を押して体を上げる

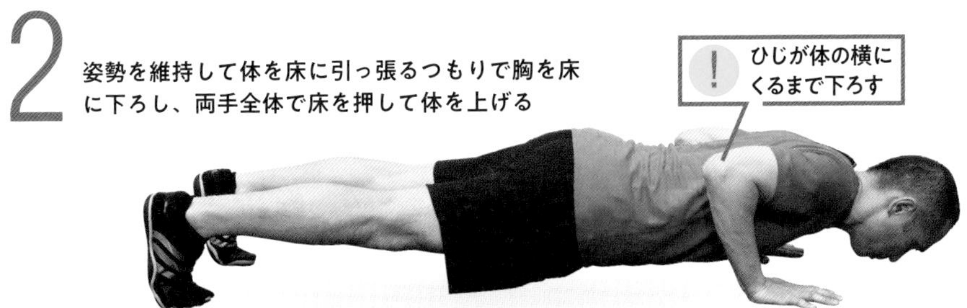

! あごを引く

! しっかり手を広げる

! 床を押しつける

! ひじが体の横にくるまで下ろす

× よくある質の低い動きの例

意識して直せないのであれば、無理に行わずエクササイズを簡単にする。

上がるときにありがち

上半身だけが上がって、腰が反っている

下げるときにありがち

胸だけが落ちて、お尻が上がったまま

こんなプレーにつながる！

ワンハンドプッシュパス　P50

ワンハンドシュート　P52

佐藤トレーナーの視点

ボールに力を伝える

パスやシュートでボールを速く遠くに飛ばすには、ボールに力を伝えるために腕が力強く伸びる基礎となる体幹の安定性が不可欠だ。姿勢を維持しながら腕を伸ばす腕立て伏せが役立つ。

Variation

手足の高さを調節することで腕立て伏せの難易度を変える。

足をベンチに乗せる　難易度アップ

ベンチの上など床より高い位置に足を置く。

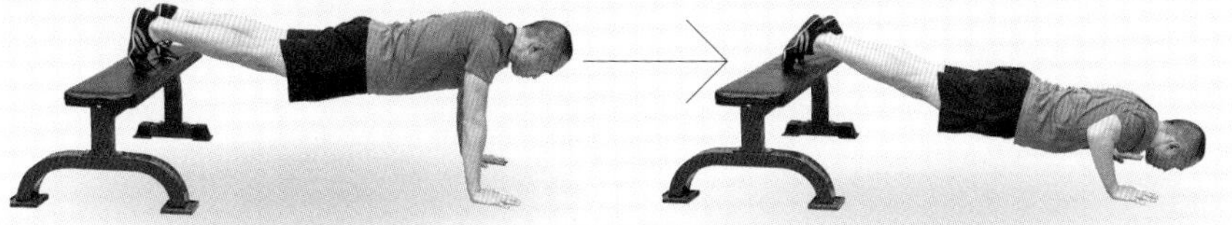

手を椅子の上に乗せる　難易度ダウン

椅子のような床より高い位置に手を置く。

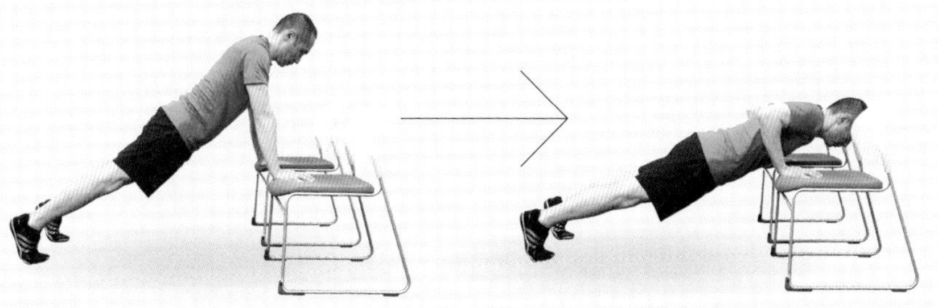

壁腕立て伏せ（P151）も難易度を下げる例のひとつ

オルタネートダンベルベンチプレス

動きの分類

上半身	水平方向	垂直方向
押す		
引く		

オルタネートダンベルベンチプレス（Alternate Dumbbell Bench Press）は両手でダンベルを持って、片側ずつダンベルを上げ下げする。

回数 10回

1 ダンベルを両手にそれぞれ持つ。姿勢は自然な立ち姿勢

2 片腕ずつ上げ下げする

腰が反るのはNG。腰が反ると肋骨が突き出る

Variation

片腕ダンベルベンチプレス

片手にだけダンベルを持つことで、体幹にねじれる負荷がかかるので、体幹トレーニングにもなる。

佐藤トレーナーの視点

壁腕立て伏せでボールを押す感覚をつかむ

ボールを「押す」という感覚は、ボールが軽いのでなかなかわかりにくい。「壁腕立て伏せ」を使ってボールを押す感覚をつかむ。

①軽い前傾姿勢で手を壁につけ、腕立て伏せを数回行う。

②次に胸を壁に近づけ思い切り壁を押して、自分を後ろに突き飛ばしてみる。うまくできると後ろに倒れそうになるので、足を動かして転ばないようにする。また、後ろにぶつかる人やモノがないように、注意して行う。

③最初は両手で次は片手でやってみる。

壁腕立て伏せ

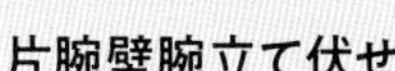

片腕壁腕立て伏せ

こんなプレーにつながる!

ワンハンドプッシュパス　P50

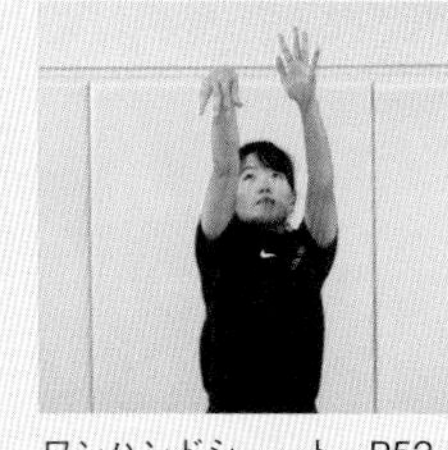

ワンハンドシュート　P52

ローイング

動きの分類

上半身	水平方向	垂直方向
押す		
引く		

ローイング（Rowing）は水平方向に引くエクササイズ。引く動きをするときは腰が反ったり、肩が上がったりしやすいので注意する。自然な立ち姿勢を維持しよう。

回数 各メニューとも**10**回（左右行うメニューは左右10回ずつ）

片腕ダンベルローイング

一方の手にダンベルを持ち、もう一方の手を椅子に置いて、RDLの姿勢になる。その姿勢を維持したまま、ダンベルをまっすぐ引っ張る。

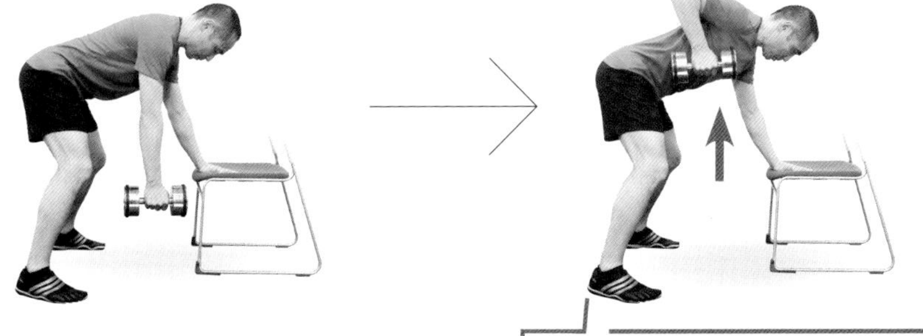

ローイングは肩甲骨を寄せることを意識しがちだが、肩甲骨を寄せる動きとひじを引く動きをバランスよく行う

バンドを使って

1 バンドをしっかりと固定する。軽いスクワットの姿勢で行う

2 背すじは伸ばしたまま、バンドを引く（ローイング）

あると便利な エクササイズグッズの メリット・デメリット

- ダンベル：重さのバリエーションがあり、高い負荷をかけることができるが、持ち運びには不向き。横の動きに負荷をかけるには向いていない。
- エクササイズバンド：比較的安価で持ち運びに便利。ダンベルほどの負荷をかけるのはむずかしいが、横の動きに負荷をかけることができる。
- サスペンショントレーナー：価格はダンベルとエクササイズバンドの中間くらい。自体重を使ってエクササイズを行う。長さで負荷を調節する。

Variation

サスペンショントレーナーを使って

ローイングは伸縮性のないストラップやロープを利用して自体重を負荷として行うこともできる。腕立て伏せと同じように、体の角度が水平に近いほど負荷が大きくなる。

✕ 腕に頼る

腰を反って、腕だけで引くのはNG。背すじを伸ばして、腕に頼らず、体で引くこと。

ローイング

Variation

片足片腕ダンベルローイング

片足RDLの姿勢でダンベルローイングを行う。上半身だけでなく、下半身の筋力やバランスを鍛えることができる。

片足RDLの姿勢
ひじを引く動きと肩甲骨を寄せる動きをバランスよく行う

佐藤トレーナーの視点

肩甲骨をくっつける?

ローイングエクササイズでは、「肩甲骨同士をくっつけるように」という指導がある。しかし、ローイングをするときに肩甲骨を引き寄せる動きばかりを意識しないほうがよい。肩甲骨を引き寄せる動きが上手にできていないときにはこの指導は適切だが、そうでない場合には肩甲骨と腕の動きのバランスが崩れる原因になりかねない。肩甲骨の動きとひじを引く動きをバランスよく行おう。

Variation

ローイング+片足RDL

バンドを使って、片足RDLと同じ動作を行うことで、上肢と下肢を複合させたエクササイズができる。腰を反らないよう上肢をまっすぐに維持し、あごを上げないなどの基本を守って行おう。

1 片足を上げて準備する。体はまっすぐにしてバンドを引っ張る

2 腕だけでなく、体を使ってバンドをローイング

オーバーヘッドプレス

動きの分類

上半身	水平方向	垂直方向
押す		
引く		

垂直方向に押すエクササイズ。左右にぐらついたり、腰を反らないように注意して行おう。

回数 左右**10**回ずつ

1 片ひざ立ちになる

2 ダンベルを持ち、床に対して垂直に腕を上げる

! 腰を反らない

左右に倒れる

腕を上げる際、体が左右に倒れるのはNG。床に対して垂直に腕を上げ、上半身をまっすぐに維持する。

佐藤トレーナーの視点

まずは胸椎のストレッチを

腕を頭の上に上げる動き（垂直方向の動き）において、胸椎の可動域は不可欠。そのため、垂直方向のエクササイズを行う前に、胸椎のストレッチをしよう。

Variation

バンドを使って

ダンベルがない場合は、バンドを使って行うこともできる。床についた片ひざの下にバンドをセットして腕を上げていく。バンドの長さで負荷を調節する。

けんすい

動きの分類

上半身	水平方向	垂直方向
押す		
引く		

水平に引く動きのローイング同様、腰が反ったり、肩が上がったりしやすいので注意する。自然な立ち姿勢を維持しよう。

回数 **5**回

1 両腕を伸ばして準備する

2 垂直に自分の体重を引き上げる

佐藤トレーナーの視点

上肢の総合的な筋肉を鍛える

けんすいはむずかしいエクササイズだが、上肢の総合的な筋力を鍛えるには有効なエクササイズだ。上げ下げを繰り返すのがむずかしければ、上下運動なしで1と2の姿勢をそれぞれ5～10秒維持して、ぶらさがることを繰り返すことで上げ下げをするための筋力がつく。また、バンドを使って上がる動きをアシストしたり、プルダウン（P160）で筋力をつけたりして、けんすいをできるようになろう。

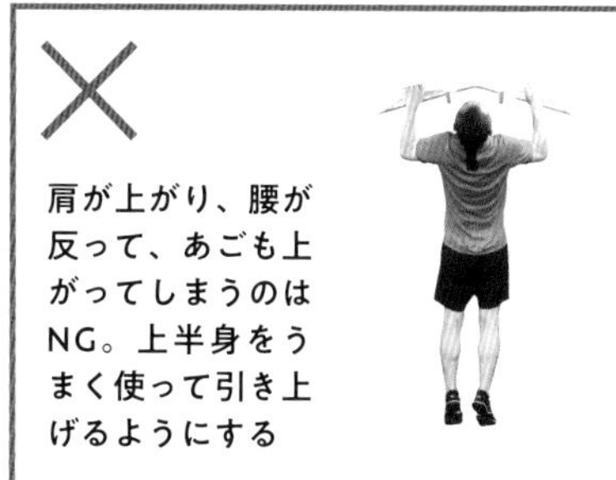

×
肩が上がり、腰が反って、あごも上がってしまうのはNG。上半身をうまく使って引き上げるようにする

Variation 難易度ダウン

バンドでアシスト バンドを使って上がる動きを簡単にする。また、パートナーに背中を押してもらうこともできる。

けんすい

Variation 難易度ダウン

プルダウン

バンドやパートナーのアシストでもむずかしい場合には、プルダウンを行う。片ひざ立ち、あるいは両ひざ立ちでバンドを引っ張る。

佐藤トレーナーの視点

姿勢を維持しよう

上半身の動作においても、下半身の動作と同じように、姿勢を維持することが重要だ。腰が反ったり、丸まったりするのはNG。

× **腕立て伏せで腰が反っている**

× **ベンチプレスで腰が反っている**

× **ローイングで腰が反っている**

水平方向に押す動きの代表的なトレーニングである「ベンチプレス」などでも、腰を反って行っている選手をよく見かける（上から2番目の写真）。トッププレーヤーでも見かけるほど、よくある例だ。腰を反ると力が入りそうに感じるが、質の低い動きであり、腰を痛める原因にもなる。

Column 4

バスケットボールでは横の動きが3割

「試合を観察して、見えたもののためのトレーニングをしよう（Let's just watch the game and then train for what we see)」という、あるアメリカのスポーツトレーニングのコーチの格言があります。スポーツ選手のトレーニングを計画するのであれば、そのスポーツをよく観察して、特徴への準備のためのトレーニングを計画する必要があります。では、バスケットボールの特徴とはなんでしょうか？　ジャンプやコンタクトなどが頭に浮かぶと思います。

オーストラリアのプロバスケットボールの試合で、選手がどのような動きをしているかを調べた研究によると、試合では「約３割で横の動きが使われている」そうです。格言に従うのであれば、トレーニングの３割に横の動きの準備のためのトレーニングを取り入れるべきです。

しかし、一般的にウエイトトレーニングでは矢状面の動きが多く、持久力を高めるための走り込みで切り返しはあるものの、まっすぐ走ることが多いのが実情です。

本書で紹介しているラテラルスクワット、クロスオーバースクワット、ローテーショナルスクワットは横方向の動きを含め、さまざまな方向に切り返しをするときの基本になるエクササイズです。そしてこれらのエクササイズを行うときに共通しているのが、エクササイズバンドを使って体への負荷を、垂直ではなく地面に対して水平方向にかけること。また前額面や水平面への負荷に対して足で床を押す感覚と筋力を向上することです。

誤解してはいけないのは、これらのエクササイズだけが横の動きに必要であるというわけではないことです。なぜなら、スプリットスクワットや片足スクワットなど矢状面のスクワットのパターンは横ではなく上下の動きのパターンですが、床を押すための脚力を向上するのにより適しているからです。したがって、イメージとしては矢状面のパターンを使って基本的な脚力を向上して、その脚力を前額面や水平面のパターンで横方向に動くための準備に使うということです。

さらに、負荷をかけたスライドステップやクロスオーバーステップで実際に横に移動するトレーニングを行います。そして、まっすぐ走るだけの走り込みの代わりに、スライドステップやクロスオーバーステップを取り入れたトレーニングを行うことで、よりバスケットボールに合ったトレーニングの計画を立てることができます。

片足スクワットで床を押す脚力

ラテラルスクワットで横に押す感覚と脚力

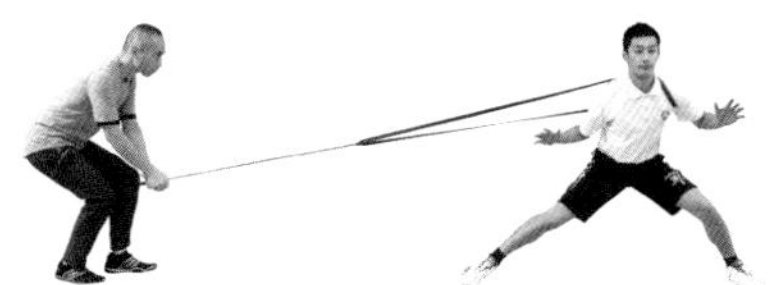

スライドステップで横に動く脚力

Part

トレーニングプログラムの作成

Part5では、これまでのエクササイズをどのように組み合わせて、
プログラムしていくかを参考例として紹介していきます。
チーム状況に合わせて、
柔軟に組み合わせてください。
またプログラムをつくるうえでの注意点なども紹介していきます。

エクササイズの組み合わせ例

本書を読んでいる方の多くは、さまざまな年代やレベルに携わっているコーチ、選手、あるいは保護者だと思います。このエクササイズ、もしくはこのプログラムをやればOKという万能メニューはありませんが、ここではトレーニングプログラムをつくるうえでの原則を紹介します。原則にしたがいサンプルプログラムを組み立てる過程を解説することで、プログラムを作成する手順を理解してもらいます。本書では紹介されていない一般的なエクササイズも含まれているのでご了承ください。

ウォームアップ

体幹のエクササイズと基本のストレッチからそれぞれ２～３のエクササイズを選択し、ダイナミックストレッチを行います。

トレーニングプログラムの構成

トレーニングプログラムは３つのブロック（複数のエクササイズの集まり）に分かれ、それぞれに目的があります（右ページの表）。

●パワーブロック

バスケットボールで大切な大きな力を素早く発揮する能力、つまり「パワー」を強化することが目的です。疲れていないうちに行うのがよいのでプログラムの最初にあります。パワーブロックは、次の３つのエクササイズの種類で構成されます。

①全身を使うパワー（大きな力を素早く発揮する力）を重視したパワーエクササイズ
②体幹のエクササイズ
③横の動きの基礎となるエクササイズ

パワーエクササイズは動きのスピードを意識して全力で行います。パワーエクササイズの負荷は、動きのスピードが遅くなりすぎない程度にします。具体的には負荷のない状態で行うときからスピードが30パーセント落ちるくらいの負荷がよいとされています。

●ストレングスブロック

上半身と下半身のエクササイズを使って筋力強化を行います。エクササイズの種類は、上半身は垂直と水平方向の引く動きと押す動きで４つ、そして下半身はヒンジとスクワットの２つで、合計６つです。つまり、ストレングスブロックで上半身と下半身のほとんどの動きの種類（P100）を網羅することになります。質の高い動きで決められた回数とセット数をギリギリできるくらいのおもりを使います。できるようになったら負荷を増やしましょう。

●サプリメンタルブロック

水平面のエクササイズなど上記のブロックを補強するエクササイズを行います。

エクササイズを当てはめる

エクササイズの分類にしたがってエクササイズを当てはめると右ページ下の表になります。

[トレーニングプログラムの構成]

ブロック	エクササイズの分類	エクササイズ
パワー	パワーエクササイズ	
	体幹	
	横の動き	
ストレングス その1	下半身：ヒンジ	
	上半身：水平・引く	
	上半身：垂直・押す	
ストレングス その2	下半身：スクワット	
	上半身：水平・押す	
	上半身：垂直・引く	
サプリメンタル	水平面	
	ふくらはぎ	

[トレーニングプログラムの構成にエクササイズを当てはめる]

ブロック	エクササイズの分類	エクササイズ
パワー	パワーエクササイズ	スクワットジャンプ*
	体幹	ローテーショナルプランク（P64）
	横の動き	ラテラルスクワット（P124）
ストレングス その1	下半身：ヒンジ	RDL（P102）
	上半身：水平・引く	片腕ダンベルローイング（P152）
	上半身：垂直・押す	オーバーヘッドプレス（P156）
ストレングス その2	下半身：スクワット	スプリットスクワット（P116）
	上半身：水平・押す	腕立て伏せ（P148）
	上半身：垂直・引く	けんすい（P158）
サプリメンタル	水平面	片足回旋SKB（P146）
	ふくらはぎ	片足カーフレイズ**

*スクワットの姿勢からジャンプする
**片足で立ちかかとを上げ下げする

次に各エクササイズのセット数と回数を考えてみましょう。以下が一般的な原則です（P167の表を参照）。

◯パワー重視のエクササイズは、スピード重視なので3〜5回程度を3〜5セット
◯体幹のエクササイズは２〜４セット
◯横の動きやストレングスエクササイズは、動きをマスターする目的で7〜10回を2〜3セット、負荷を上げて高い負荷に挑戦する目的で３〜５回を４〜５セット
◯サプリメンタルエクササイズは、７〜10回を１〜２セット

ではトレーニング初心者を想定して、実際に回数とセット数をそれぞれのエクササイズに当てはめてみましょう。初心者なので回数もセット数も少なく設定しています。

[初心者向けのプログラム例]

ブロック	エクササイズの分類	エクササイズ	回数時間セット数
パワー	パワーエクササイズ	スクワットジャンプ	３回３セット
	体幹	ローテーショナルプランク	20秒２セット
	横の動き	ラテラルスクワット	左右各７回２セット
ストレングスその１	下半身：ヒンジ	RDL	７回２セット
	上半身：水平・引く	片腕ダンベルローイング	左右各７回２セット
	上半身：垂直・押す	オーバーヘッドプレス	左右各７回２セット
ストレングスその２	下半身：スクワット	スプリットスクワット	左右各７回２セット
	上半身：水平・押す	腕立て伏せ	７回２セット
	上半身：垂直・引く	けんすい	７回２セット
サプリメンタル	水平面	片足回旋SKB	左右各７回１セット
	ふくらはぎ	片足カーフレイズ	左右各７回１セット

プログラムを見て何か気になることはありますか？　はい、初心者で「けんすい」を７回できる人はあまりいないでしょう。あらかじめ「けんすい」を「プルダウン（P160）」に変えるか、けんすいをやってみてできないようであれば、プルダウンにレベルダウンしましょう。これは他のエクササイズでも同じです。腕立て伏せであれば、椅子を使って簡単にします。ダンベルのようなおもりを使うエクササイズであれば、ダンベルの重さを軽くします。

これらは負荷の調整です。負荷は設定された回数とセット数をやっとできるくらいのものを使います。たとえば10回３セットの場合、１セット目で簡単に10回できるのであれば、２セット目は負荷を増やすべきです。８〜９回で止まってしまう場合はそのままでOK、それ以下の場合は負荷を減らすことを考えましょう。

もちろん、質の高い動きでエクササイズを行うことが最優先です。

[エクササイズの回数とセット数の目安]

エクササイズの分類	初心者	動きのマスター	高負荷への挑戦
パワーエクササイズ	3回3セット	5回4セット	3回5セット
体幹	2セット	3セット	4セット
横の動き・ストレングスエクササイズ	7回2セット	10回3セット	3～5回4～5セット
サプリメンタル	7回1セット	10回2セット	7回2セット

Column 5

エクササイズの負荷調整とバスケ練習の負荷調整の関係

トレーニング指導において「選手が上手にできるもっともむずかしいエクササイズを提供することで選手をトレーニングする」という表現があります。簡単にできることを繰り返しやっていても仕方がないので、たとえば50キロのおもりを軽々と10回使えるのであれば、10回できなくても52.5キロ、あるいは55キロに挑戦するべきです。逆に50キロが限界の選手が60キロに挑戦するのはよい負荷設定とはいえません。

実はバスケットボールの練習にも同じ考え方が当てはまります。ミスなく軽々とこなしているバスケットボールのドリルの繰り返しは選手の進歩につながらないでしょう。少しミスが起きるくらいの難易度のドリルに取り組むべきです。

同じように、全然できない、難易度の高すぎるドリルに一生懸命取り組んでも仕方がないです。みなさんも効かない薬を繰り返し処方してくれる病院にはきっと行かなくなるでしょう。同じエクササイズやドリルを繰り返していて上手にならないのであれば、エクササイズやドリルを調節する必要があります。トレーニングもバスケットボールの練習も、「選手が上手にできるもっともむずかしいことに挑戦する」ことを意識して負荷の調整をしましょう。

ただし、ここで重要なのは、単におもりを動かすことができるかということではなく、「質の高い動き」で動いているかどうかです。たとえばスクワットを50キロで10回行うときに10回持ち上げることができたとしても、5回目で背中が丸まって、質の高い動きを維持できないのであれば、負荷を減らすべきです。

繰り返しになりますが、質の高い動きでエクササイズすることが最優先です。質の高い動きで重い負荷を動かすことが体を鍛える基本原則です。

基本原則

質の高い動きで
エクササイズすることが最優先
質の高い動きで重い負荷を動かす

●エクササイズの数を調整

さて、P166のプログラムを初心者が行うにあたって、エクササイズの種類や負荷以外に気になるのはエクササイズの数です。それぞれのエクササイズのセット数が少ないとはいえ、初心者にとってこれだけの数のエクササイズをこなすのはむずかしいでしょう。また、単に時間の制限があるかもしれません。その場合にはストレングスブロックをひとつにします（プログラム①）。この程度であれば、初心者や時間が限られた人でも十分に取り組めそうです。

プログラム①			
ブロック	エクササイズの分類	エクササイズ	回数セット数
パワー	パワーエクササイズ	スクワットジャンプ	3回3セット
	体幹	ローテーショナルプランク	20秒2セット
	横の動き	ラテラルスクワット	左右各7回2セット
ストレングスその1	下半身：ヒンジ	RDL	7回2セット
	上半身：水平・引く	片腕ダンベルローイング	左右各7回2セット
	上半身：垂直・押す	オーバーヘッドプレス	左右各7回2セット
サプリメンタル	水平面	片足回旋SKB	左右各7回1セット
	ふくらはぎ	片足カーフレイズ	左右各7回1セット

しかし、「ストレングスその2」がなくなったので、下半身の「スクワット」、上半身の「水平・押す」と「垂直・引く」は別の日に行うように新しいプログラムをつくります（プログラム②）。パワーとサプリメンタルが同じになってしまうので、他のエクササイズを当てはめます（うす紫の部分）。

プログラム②			
ブロック	エクササイズの分類	エクササイズ	回数セット数
パワー	パワーエクササイズ	スプリットスクワットジャンプ***	左右各3回3セット
	体幹	サイドプランク（P62）	左右各10秒5回2セット
	横の動き	ローテーショナルスクワット（P134）	左右各7回2セット
ストレングスその2	下半身：スクワット	スプリットスクワット	左右各7回2セット
	上半身：水平・押す	腕立て伏せ	7回2セット
	上半身：垂直・引く	けんすい	7回2セット
サプリメンタル	水平面	エアプレーン（P108）	左右各7回1セット
	ふくらはぎ	ひざを曲げて片足カーフレイズ	左右各7回1セット

***スプリットスクワットの姿勢からジャンプする

これで2日分のトレーニングプログラムができました。まずは週2回から始めて、時間や体力があれば月火木金のように週4回でもできそうです。あるいは、バスケットボールの試合期は週2回、試合期前後の体づくりの時期には週4回のように時期によって使い分けてもよいでしょう。

[試合期と練習期の1週間のトレーニング計画の例(◯の日にトレーニングを行う)]

	月	火	水	木	金	土	日
試合期	オフ	◯		◯		試合	試合
練習期	◯	◯	オフ	◯	◯		オフ

●レベルアップする

次に、プログラムのレベルアップを考えていきます。プログラム①と②を見て物足りないのは、下半身のエクササイズの数です。本書で強調してきたように、下半身の筋力はバスケットボールのスキル向上に不可欠です。

では、ストレングスブロックに下半身のエクササイズを加えて、それぞれのプログラムにヒンジとスクワット両方が含まれるようにします。

下半身と上半身のエクササイズを交互に並べることで、筋肉が回復した状態でエクササイズを行えるようにします。

[プログラム①のストレングスの部分に「スクワット」を加える]

ストレングス	下半身:ヒンジ	RDL	7回2セット
	上半身:水平・引く	片腕ダンベルローイング	左右各7回2セット
	下半身:スクワット	片足スクワット(P120)	左右各7回2セット
	上半身:垂直・押す	オーバーヘッドプレス	左右各7回2セット

[プログラム②のストレングスの部分に「ヒンジ」を加える]

ストレングス	下半身:スクワット	スプリットスクワット	左右各7回2セット
	上半身:水平・押す	腕立て伏せ	7回2セット
	下半身:ヒンジ	片足RDL(P106)	左右各7回2セット
	上半身:垂直・引く	けんすい	7回2セット

トレーニングの経験を積んで体力が増し、このプログラムが物足りない、あるいは体づくりの時期にしっかり体を鍛えたいのであれば、回数とセット数を調節してプログラムをレベルアップします。初心者を卒業したら、回数とセット数を前述の「動きのマスター」と「高負荷への挑戦」を参考にして1～2週間ごとに交換します。つまり、動きをマスターする時期には質の高い動きで多くの回数を繰り返すことで、動きを定着させます。そして高負荷挑戦の時期にはセットごとの回数が少ないので、引き続き質の高い動きで高い負荷に挑戦して、さらに重い負荷を扱えるようになります。

6つのバケツをイメージして練習計画を立てる

私（佐藤晃一）は、バスケットボール選手や指導者が練習計画を立てるときに役立つ考え方として「6つのバケツ」を紹介しています。6つのバケツはそれぞれ「バスケットボール」、「ウエイトトレーニング」、「コンディショニング（例：ラントレ）」、「睡眠」、「食事」、そして「体のケア」です。

練習計画を立てるときはそれぞれのバケツに水を上手に分配しなくてはいけません。残念ながら6つのバケツすべてを満たす量の水はありませんので、時と場合を考えて水を分配する必要があります。バスケットボール選手や指導者にとって、「バスケットボール」のバケツは常に一杯にしておきたいと思いますが、体づくりをしたいのであれば、水を「ウエイトトレーニング」にも注がなくてはいけません。

また、「バスケットボール」と「ウエイトトレーニング」のバケツのみに水を注いだら、体が回復せずにオーバートレーニングになってしまうでしょう。状況に応じてバランスよく水を配分することで、効率的な体づくりとバスケットボールスキルの向上をめざしましょう。

バスケットボール

ウエイトトレーニング

コンディショニング

睡眠

食事

体のケア

Column 7

ケガの公式

負担＞耐性＝ダメージ

ダメージ＞回復力＝ケガ

つまり

↑耐性　↓負担　↑回復力

トレーニングをする目的のひとつはケガの予防です。ケガの発生メカニズムは、体にかかる負担が体の耐性よりも大きくなることで体にダメージが起こり、そのダメージが体の回復力よりも大きくなったときにケガが起きるというものです。したがってケガの予防のためには、体の耐性と回復力を高め、体への負担を軽くすることが必要です。

一見簡単そうなこの公式ですが、「6つのバケツ」同様、バランスをとるのがむずかしいです。耐性や回復力を上げるためには、体に適度な負担をかけて鍛える必要があるからです。一方で負担を下げるということは練習やトレーニングを減らす必要があるということになります。これが正解というアプローチはありませんが、ケガの予防のためにこの公式を役立ててください。

佐藤トレーナーの視点

Before & After

エクササイズやストレッチを行う前後（Before & After）に体の動きやすさや力の入れやすさなどをチェックすることをオススメする。チェックすることによって、選んだエクササイズやストレッチが効果的かどうか確認することができる。より効果的なエクササイズやストレッチを選ぶことで効率的に体を鍛えよう。

さらなるレベルアップの方法は、それぞれのプログラムのストレングスブロックの数を２つに戻して、プログラムのエクササイズの総数を増やすことです。P168のプログラム②のストレングスブロック（ストレングスその２）を、プログラム①に戻してストレングスブロックを２つにします（P173プログラムⒶ）。新しくできたプログラム②のストレングスのブロックには、プログラムⒶのストレングスエクササイズにあるエクササイズとは違うエクササイズを６つ当てはめます（P173プログラムⒷのグレーの部分）。これでそれぞれのプログラムのストレングスブロックに、上半身と下半身の主要な動きの種類を含んだ２つのトレーニングプログラムができました。

では、これらのプログラムをレベルアップする方法は何でしょうか？　ひとつの方法は、エクササイズの回数とセット数を変えることです。P167の「エクササイズの回数とセット数の目安」を参考にして、「7回2セット」から「10回3セット」のように変えてみましょう。さらに、数回プログラムを行ったら、「5回5セット」のように回数を減らしセット数を増やすことで高い負荷に挑戦します。そしてまた「10回3セット」に戻し、これらを行ったりきたりすることで、筋力を高めていきます。もうひとつの方法は、エクササイズの種類を変えることです。エクササイズの分類にしたがって、エクササイズを入れかえてみましょう。

いかがでしょうか。エクササイズを動きで分類するとトレーニングプログラムの作成が簡単になります。本書で紹介していないエクササイズも動きで分類することによってプログラムに組み込みやすくなります。

ここで紹介したプログラムの構成はいわゆるスタンダードなプログラム構成の一例です。正解はありません。上半身と下半身を同じ日に一緒に行わずに別々の日にトレーニングするなど、それぞれの環境に合うように自由にアレンジしてください。

MYTH BUSTER（ミス・バスター）

筋トレで背が伸びなくなる？ 動きが遅くなる？

子どもが筋トレ（負荷をかけるエクササイズ）を行うことに疑問を持つ人がいるかもしれないが、筋トレが成長を妨げることはない。

これは1970年代に日本の研究者が子どもの肉体労働者の身長が顕著に低いことを報告したことが発端となって世界に広まった迷信。子どもが筋トレをすると動きが遅くなるというのも迷信だ。筋トレは成長ホルモンの分泌を高めるので、成長を妨げるどころか成長を促す効果が期待できる。

また、脚力はスキル向上に不可欠であり、ある研究によると計画的に鍛えれば、11～12歳で体重の70パーセントの負荷スクワットができるようになることも示されている。「質の高い動きで重い負荷を動かす」原則（P167）にしたがい、おもりを恐れずにトレーニングに取り組もう！

プログラムⒶ			
ブロック	エクササイズの分類	エクササイズ	回数セット数
パワー	パワーエクササイズ	スクワットジャンプ	3回3セット
	体幹	ローテーショナルプランク	20秒2セット
	横の動き	ラテラルスクワット	左右各7回2セット
ストレングス その1	下半身：ヒンジ	RDL	7回2セット
	上半身：水平・引く	片腕ダンベルローイング	左右各7回2セット
	上半身：垂直・押す	オーバーヘッドプレス	左右各7回2セット
ストレングス その2	下半身：スクワット	スプリットスクワット	左右各7回2セット
	上半身：水平・押す	腕立て伏せ	7回2セット
	上半身：垂直・引く	けんすい	7回2セット
サプリメンタル	水平面	片足回旋SKB	左右各7回1セット
	ふくらはぎ	片足カーフレイズ	左右各7回1セット

プログラムⒷ			
ブロック	エクササイズの分類	エクササイズ	回数セット数
パワー	パワーエクササイズ	スプリットスクワットジャンプ	左右各3回3セット
	体幹	サイドプランク	左右各10秒5回2セット
	横の動き	ローテーショナルスクワット	左右各7回2セット
ストレングス その1	下半身：ヒンジ	片足RDL	左右各7回2セット
	上半身：水平・引く	ローイング（P153）（サスペンショントレーナー）	7回2セット
	上半身：垂直・押す	オーバーヘッドプレス	左右各7回2セット
ストレングス その2	下半身：スクワット	片足スクワット	左右各7回2セット
	上半身：水平・押す	片腕ダンベルベンチプレス（P150）	左右各7回2セット
	上半身：垂直・引く	プルダウン（P160）	7回2セット
サプリメンタル	水平面	エアプレーン	左右各7回1セット
	ふくらはぎ	ひざを曲げて片足カーフレイズ	左右各7回1セット

Column 8

疲れたら休む、休ませる

育成世代のコーチ、とくに小学生を指導するコーチから「どのくらい練習させたらよいのでしょうか?」と質問を受けることがよくあります。私（佐藤晃一）からのコメントは、「子ども（選手）が疲れたら休ませる」です。つまり選手が疲れたら自由に休むことのできる環境をつくることです。公園で走り回っている子どもが疲れたら勝手に座って休むように、子どもにかかわらず人には疲れたら休むという機能が備わっています。そして回復したらまた走り始めます。バスケットボールの練習も同じだと思います。自由にさせると怠ける選手が出てしまう、と頭を抱えてしまうかもしれませんが、夢中になるような練習内容にすれば、選手は疲れを忘れて一生懸命取り組むでしょう。とくに小学校低学年では、本書で紹介したトレーニングやバスケットボールという枠にとらわれずに遊びの要素が豊富な活動を心がけましょう。

痛みもまた疲れと同様に体が休みを欲しているシグナルです。小学の高学年、とくに6年生は、小学校の集大成として成果を出したい時期と、成長痛が起きやすい成長期が重なる悩ましい時期です。練習をたくさんしたいけれど、やりすぎると痛みが出てしまう。私はこれを「6年生のジレンマ」と呼んでいます。成長痛はもちろんケガの痛みを無視して練習をすることは、成長の妨げや慢性的なケガの原因になります。選手の疲れや痛みをガイドに練習を計画することをおすすめします。

佐藤トレーナーの視点

指導者の影響力

速く動くためには、かかとを上げた前足重心がよいのか？　答えはケースバイケースだ。ちょこまかと動き回るのであれば、かかとを上げた前足重心のほうがよいだろう。一方で、全力で走ってきて止まって方向転換するときは、前足重心よりも足の裏全体で床を捉えたほうが力強い方向転換ができる。私(佐藤晃一)はよく前足重心を強く意識して動いている選手を見ると、きっとどこかのタイミングでコーチに「速く動くためにはかかとを上げて動く」と教わって、それを素直にずっとやってきたのだろうと思う。コーチもよかれと思ってそう指導したのだろう。選手が何の疑いもなく信じてきたことを考えると、コーチの影響力はすごいとしか言いようがない。

十中八九当てはまる原則はあるが、これが絶対的に正しいというものはない。本書のMYTH BUSTERのように信じられてきたことが覆されることもある。選手は「これが正解」というような表現を聞いたら健全な懐疑心を持ち、いろいろな方法を試しながら自分にとってもっとも適した鍛え方を探求しよう。

著者紹介

佐藤晃一
さとう・こういち

アスレティックトレーナー、スポーツパフォーマンスコーチ。1971年生まれ、福島県出身。東京国際大学教養学部国際学科卒業。渡米しイースタンイリノイ大学体育学部アスレティックトレーニング学科卒業。アリゾナ州立大学大学院キネシオロジー研究科バイオニクス修士課程修了後、アリゾナ州立大学スポーツメディスン・アシスタントアスレティックトレーナーに就任し、陸上競技、クロスカントリー、レスリング、アメリカンフットボール、女子体操、バスケットボールチームなどを計9年サポート。2008年からＮＢＡワシントン・ウィザーズでリハビリテーション・コーディネーター。2013年からＮＢＡミネソタ・ティンバーウルブズでスポーツパフォーマンスディレクター。2016年から日本バスケットボール協会スポーツパフォーマンス部会部会長。

鈴木良和
すずき・よしかず

株式会社ERUTLUC代表。1979年生まれ、茨城県出身。千葉大学大学院在学中の2002年に「バスケットボールの家庭教師」の活動を開始。株式会社ERUTLUCを立ち上げ、小・中学生を中心に、高校生から幼稚園児までバスケットボールの普及・強化に努める。「なりうる最高の自分を目指そう」を理念とするジュニア期コーチングの専門家。日本バスケットボール協会公認Ａ級コーチ。日本バスケットボール協会ナショナル育成キャンプヘッドコーチ、男子日本代表のサポートコーチ、女子日本代表のアシスタントコーチも務める。好評ロングセラーの『バスケットボールの教科書』４巻シリーズはじめ、『子どもがバスケを始めたら読む本～７人の賢者に聞いた50の習慣』（共著）など著書多数。

モデル協力
エルトラックのみなさん

競技力が上がる
体づくり

バスケットボールの動き向上トレーニング

2021年12月30日　第1版第1刷発行

著　者／佐藤晃一　鈴木良和
発行人／池田哲雄
発行所／株式会社ベースボール・マガジン社
〒103-8482
東京都中央区日本橋浜町2-61-9　TIE浜町ビル
電話 03-5643-3930（販売部）
03-5643-3885（出版部）
振替口座 00180-6-46620
https://www.bbm-japan.com/

印刷・製本／広研印刷株式会社

Printed in Japan
ISBN978-4-583-11244-2　C2075